학생부종합전형

자기소개서 면접

실전 가이드북

나 혼자만 알고
남들은 읽지 않았으면 하는 책이 있다!

'바로, 이 책이 그렇다!'

2021학년도
최신 개정판!

학생부종합전형 자기소개서 면접

실전 가이드북

| 신선생, 윤선생 지음 |

Sb
smart business

• 개정판에 부쳐 •

나만 알고 남들은 몰랐으면 하는 '학종 비법'이 있다!

이 책은 2021학년도에 맞게 새로이 수정한 개정판이다. 작년에 처음 책을 출간하고, 감사하게도 많은 학생과 학부모로부터 큰 호응과 감사의 인사를 받았다.

우리는 이 책을 기획하고 집필할 당시에 크게 두 가지를 가장 중점에 두었다.

첫째, 교육부 공식 브리핑에서 들을 법한 그런 뻔한 입시 자료가 아닌, 합격에 직결되는 구체적인 실전 팁과 노하우를 아낌없이 모두 담아냈다. 둘째, 아무리 입시 초보라도 누구나 곧장 이해하고 적용할 수 있도록, 아주 쉽게 또 중언부언하지 않고 핵심을 서술했다.

이 두 가지는 기존의 여타 대입 강연과 도서에서는 찾아보기 어려운 것이었고, 따라서 이 점이 이 책의 큰 특징이자 장점이 되었다고 생각한다.

올해 개정판에서도 이 두 가지를 가장 중점에 두었다. 작년과 비교해서 큰 틀은 바꾸지 않았다. 다만 달라진 것, 또 보완해야 할 것들을 일부 추가했다. 작년이 그랬듯이 올해 역시 이 책을 읽은 많은 학생들이 자기 성적보다 높은 대학, 명문대에 합격할 수 있을 것이다.

사회의 빈부 격차만큼이나, 수험생에게는 각자의 풍경이 있다. 우리 사회 맨 꼭대기에는 드라마 〈SKY 캐슬〉처럼 철저하게 관리받는 학생이 있고, 비싼 과외비를 지불하고 대치동에서 자소서와 면접을 컨설팅받는 '금수저' 학생이 있다.

그럭저럭 집 근처 학원과 인터넷 강의를 보며 수능을 준비하는 평범한 대다수의 학생이 있다. 그리고 그들 아래에는 집안 형편이 어려워서 남들 다하는 사교육조차 포기해야 하는 그런 학생들의 세상이 있다.

꼭대기에 속하지 못한 대부분의 학생은 학생부종합전형에 대해 무지하다. '인서울대' 정원의 43%를 선발하는 최대 전형임에도 정작 무엇을 대비해야 하는지, 어떻게 자기소개서를 써야 하는지 모른다.

인터넷에 떠도는 잘못된 정보만 믿고서 지레 포기하거나 잘못 준비한다. 물론 컨설팅을 받지 않고서도 학생부종합전형으로 합격하는 학생도 많다. 그러나 정보가 조금만 더 있었더라면, 자기가 원하는 더 좋은 대학에 진학할 수 있었으리라는 점에서 안타까운 것은 매한가지다.

대학이 사람의 '신분'을 결정하고, 학부모의 신분이 다시 자식의 대학과 신분을 결정하는 악순환에 대한 안타까움, 이 안타까움이 이 책을 쓰게 했다. 그래서 모든 학생이 공평하게 학생부종합전형을 대비할 수 있는 '학생부 종합 교과서'를 출간하게 되었다.

고액 컨설팅을 받지 않아도 이 책 한 권만 읽으면 자기 성적보다 높은 대학, 상위권 대학에 합격할 수 있도록 했다. 최소한 입시에서만큼은 집안의 형편에 따라 결과가 좌우돼서는 안 된다.

우리는 몇 년 전부터 대입 학생부종합전형 컨설팅을 해오고 있다. 그리고 그중 거의 대부분 학생을 흔히 말하는 '인서울대'와 '명문대'에 합격시켰다. 영어에 문법이 있고 수학에 공식이 있는 것처럼, 학생부종합전형에도 나름의 문법과 공식이 있다. 이 문법과 공식만 이해하면 학생부종합전형으로 대학에 합격하기는 그리 어려운 일이 아니다.

영어 문법과 수학 공식은 학교, 인터넷 강의, 교재를 통해 누구나 쉽게 배우고 익힐 수 있다. 반면에 학생부종합전형의 공식은 누가 잘 알려주지 않는다. 이는 학교 교사와 전문가 스스로도 정말 몰라서 못 알려주는 것이기도 하고, 알면서도 일부러 알려주지 않는 것이기도 하다. 그러니 공식을 아는 소수의 사람들에게는 학생부종합전형이 쉬울 수밖에 없다.

본래 학생부종합전형은 주입식, 객관식 일체인 수능시험을 보완하기 위해 탄생했다. 그러나 이 전형에 대한 이해도와 정보의 편차 탓에 개인의 노력과는 별개로 사는 지역, 집안의 배경, 부모의 관여에 따라 당락이 좌우되는 면이 존재한다. 세간에서 학생부종합전형을 '금수저 입시'라고 부르는 것도 이 때문이다.

그러나 학생부종합전형 자체가 금수저에게만 유리한 입시는 결코 아니다. 최소한의 이해와 정보만 있으면, 누구나 이 전형을 통해 본인의 성적보다 높은 대학에 진학할 수 있다.

실제로 현재 대학 입학 정원의 무려 약 25%서울 주요 대학은 약 43%를 학생부종합전형으로 선발하고 있는데, 이들 모두가 금수저일 리 없다. 다만 소수의 학생들은 일찍부터 철저히 준비해 수월한 결과를 얻는 반면, 그 외 학생들은 원서접수 철에 닥쳐서야 급하게 '해치우듯이' 처리할 뿐이다.

흔히 생각하길, 학생부종합전형은 아무나 하는 것이 아니고 준비하는데 많은 시간과 학업 외 노력을 필요로 한다고 여긴다. 그래서 금수저 입시라는 것이다. 그러나 오히려 그런 편견 탓에 평범한 학생들이 지레 겁을 먹고 학생부종합전형을 일찍부터 포기한다.

이렇게 평범한 학생들이 포기할수록, 오히려 금수저 학생들만 대학에 들어가기 쉬워진다. 격차가 편견을 낳고 편견이 다시 격차를 낳는 악순

환이다.

학생부종합전형 전문가로서 확언하는 바, 학생부종합전형은 학부모의 도움 없이, 돈 들이지 않고, 혼자 힘으로 충분히 가능하다. 물론 학업 공부에도 절대 방해되지 않는다. 이것은 책의 본문에서 차차 증명할 것이다.

하나만 미리 밝히자면, 이 책에 소개한 지침대로 따른다면 한 달에 1시간만 투자하면 학생부종합전형을 충분히 대비할 수 있다. 2학년 때 부모의 권유로 학생부종합전형 컨설팅을 받게 된 어떤 학생은 원래 수능 준비만 고집하는 학생이었다. 하지만 학생부종합전형을 병행하고도 내신이나 모의고사 점수가 전혀 떨어지지 않았다. 학생부종합전형 대비에는 아주 적은 시간이면 충분하기 때문이다. 결국 그 학생은 학생부종합전형으로 명문대에 진학했다.

우리는 이 책에 모든 노하우를 담았다. 학생부종합전형은커녕 대학 입시의 ABC도 모르는 학부모와 학생들도 쉽게 이해하고 적용할 수 있도록 기초부터 심화까지 차근차근 서술했다. 군말을 줄이고 짧게 그리고 쉽게 썼기 때문에 누구나 편히 읽을 수 있다.

또한 이 책만 읽고 적용하면 고액 컨설팅 수강생 못지않게 입시에서 필승할 수 있으리라 확신한다. 예를 들어 영어영문학과, 중어중문학과 등

어문계열을 지원하는 학생이라면 자기소개서를 '어학'이 아닌 '문학'에 초점을 두면 합격률이 배로 올라간다. 영어 실력이 아니라 영미 문학을 강조해야 하는 것이다.

또 학생부종합전형은 평가관에게 신뢰를 주는 것이 무척 중요한데, 자기소개서에 성공 사례가 아닌 실패 사례를 적으면 신뢰도가 배로 상승한다. 이외에도 많은 비법을 담았다.

끝으로 노골적으로 말하자면, 자기 성적이 6등급인 학생도 학생부종합전형으로 2등급대의 대학에 합격할 수 있다. 6등급이면 지방 사립대학에 갈 성적이나, 학생부종합전형이라면 인서울 대학에 당당히 입학할 수 있다.

단지 이론적으로 그렇다는 것이 아니라, 실제로 많은 학생들이 그렇게 대학을 간다. 이 책이 그 길잡이가 될 것이다.

2020년 3월

신선생, 윤선생 씀

차례

왕초보 학부모·수험생을 위한 Q&A

대학 입시의 기초

1. 대학 입시에 대해서 정말 아무것도 모르는데, 어떡하죠?

대학 입시에 대해 아무것도 몰라도 괜찮습니다. 입시의 기초부터 심화까지, 이론부터 실전까지 대학 합격을 위해 꼭 알아야 하는 것은 이 책에 모두 담았습니다.

수시와 정시의 차이부터, 학생부종합전형은 무엇이며, 어떻게 하면 합격할 수 있는지 등 차근차근 살펴보겠습니다.

2. 대입전형이 너무 복잡해요. 쉽게 설명해주세요.

대입전형이 복잡해 보여도 '정시'와 '수시'만 알면 됩니다. 대입전형은 정시 아니면 수시라고 할 수 있습니다. 정시는 수능 성적을 위주로 학생을 평가하고, 수시는 수능 외 요소를 위주로 학생을 평가합니다.

이중 수시는 다시 학생부종합전형, 학생부교과전형, 기회균등전형, 논술전형, 실기전형 등 세부전형으로 나눠집니다.

3. 대입전형을 알기 쉽게 표로 정리해주세요.

대입전형을 알기 쉽게 표로 구분해 정리했습니다. 정시는 단일전형인 반면, 수시는 다시 6개의 전형으로 나눠집니다. 실상 모든 대학의 입시 전형은 이중 하나에 속한다고 보면 됩니다.

대입전형	정시	
	수시	학생부종합전형
		학생부교과전형
		기회균등전형
		논술전형
		실기전형
		적성고사

4. 각 전형별 선발 인원을 알려주세요.

전국 대학을 기준으로 대략 정시로 23%, 수시로 77%를 선발합니다. 더 구체적으로 보자면 전국 대학 기준, 학생부교과전형수시 〉 학생부종합전형수시 〉 정시 〉 논술전형수시 순으로 선발 인원이 많습니다.

그런데 전국이 아닌, 서울 주요 대학 15개 기준으로 할 경우에는 순서가 바뀝니다. 학생부종합전형수시 〉 정시 〉 논술전형수시 〉 학생부교과전형수시 순입니다.

여전히 정시보다 수시 선발 인원이 압도적으로 많습니다. 무엇보다 학생부종합전형이 가장 규모가 큰 전형임을 알 수 있습니다.

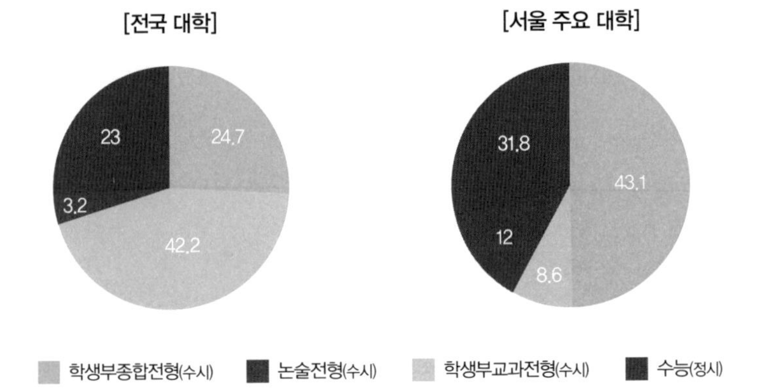

(2021학년도 기준)

5. 정시에 대해 설명해주세요.

정시는 수능 성적 위주로 학생을 평가하는 전형입니다. 그런데 일부 대학의 경우, 내신 성적을 반영하므로 유의해야 합니다. 물론 내신 반영 비율은 10% 이하로 형성되지만, 미세한 점수 차이로 당락이 결정되기도 하므로 무시할 수 없는 비율입니다.

정시는 한 학생당 최대 3곳의 대학에 지원할 수 있습니다. 각각 '가군', '나군', '다군'인데요. 대학마다 또 학과마다 선발하는 '군'이 다르므로 지원하고자 하는 대학교의 모집요강 및 배치표를 꼭 확인해야 합니다.

6. 수시에 대해 설명해주세요.

수시는 앞에서 봤듯이 6개의 세부전형으로 나눌 수 있습니다. 학생부종합전형, 학생부교과전형, 기회균등전형, 논술전형, 실기전형, 적성고사입니다.

주로 내신 성적과 학교생활기록부, 자기소개서가 평가요소의 중심이 됩니다. 수시는 한 학생당 최대 6곳의 대학에 지원할 수 있습니다. 정시와 달리 '가군', '나군' 등 군에 따라 지원 가능한 대학의 구분은 없습니다. 그래서 어느 군에 어떤 대학을 써야 하는지와 같은 눈치싸움은 적은 편입니다. 그러나 성적 점수로만 객관 평가하는 정시와 달리, 수시는 사람평가관이 평가에 관여하므로 각 학과가 선호하는 인재상에 대한 조사가 반드시 필요합니다.

7. 수시의 실기전형은 무엇인가요?

실기란 음악 전공에서 악기를 연주하거나 노래를 부르는 것, 미술 전공에서 그림을 그리는 것, 체육 전공에서 체력시험을 보는 것 등을 말합니다. 이렇듯 실기전형은 예체능계열 전공에 한해서 실시됩니다.

인문사회계열, 자연계열, 이공계열 등은 실기가 없다고 할 수 있습니다. 예체능 지원자가 아닌 대부분의 학생과는 무관한 전형입니다.

8. 수시의 적성고사는 무엇인가요?

적성고사는 내신과 수능 등 다른 일체의 성적을 보지 않고, 각 대학교에서 자체적으로 실시하는 적성고사만으로 학생을 평가하는 전형입니다. 그래서 내신도 낮고 수능도 낮은 학생들이 '대박'을 기대하며 적성고사를 응시하곤 합니다.

그런데 적성고사 전형이 개설된 대학은 서울에서 한성대, 서경대, 삼육대 셋뿐입니다. 그 외에 경기도 소재 대학이 몇 곳 있고, 서울 주요 대학을 비롯한 대부분의 대학에는 없는 '작은 전형'입니다.

9. 수시의 논술전형은 무엇인가요?

한때 논술 열풍이 분 적이 있습니다만, 10년 전 일입니다. 오늘날 논술전형으로 대학을 가기는 무척 어렵습니다. 논술전형으로 선발하는 인원이 무척 적기 때문입니다. 논술전형 설발 인원은 전체 인원의 3%입니다. 선발 인원은 적은데 지원자는 많아서 경쟁률이 100대 1을 웃도는 경우도 허다합니다.

또 진입장벽이 높습니다. 진입장벽이 높다는 것은 논술에서 출제되는 문제의 내용이나 형식이, 내신이나 수능시험과는 많이 다르다는 뜻입니다. 적어도 고2 때부터 꾸준히 논술에 관심을 갖고 준비한 학생이 아니라면, 추천하기 힘든 전형입니다.

10. 수시의 기회균등전형은 무엇인가요?

기회균등전형은 사회에 공헌이 있거나 혹은 사회적 약자인 학생들에게 보다 기회를 보장하는 전형이라 생각하면 됩니다. 농어촌 학생, 국가유공자의 자녀인 학생, 다문화가정, 새터민 학생, 장애인 학생 등 해당자만이 지원 가능한 전형입니다.

내신만 평가하는 대학도 있지만, 학교생활기록부 전반의 기록과 자기소개서 등을 함께 요구하는 곳이 많습니다. 보통은 학교생활기록부, 자기소개서 등 1차 서류평가에서 통과한 후에 2차에서 면접평가를 통과하면 최종 합격입니다.

11. 수시의 학생부교과전형은 무엇인가요?

학생부교과전형은 다시 둘로 나눌 수 있습니다. '내신만 보는 학생부교과전형'과 '내신에 더해 여타 서류까지 보는 학생부교과전형'입니다.

전자는 내신 성적으로만 100% 선발한다고 보면 됩니다. 후자는 내신이 중점이기는 하지만, 학교생활기록부와 자기소개서까지 두루 평가합니다. 학교장추천서 혹은 교사추천서가 필요한 곳도 있습니다.

12. 수시의 학생부종합전형은 무엇인가요?

학생부종합전형은 서울 주요 15개 대학 기준, 전체 선발 인원의 무려 43.1%를 차지하는 최대 전형입니다. 1차 서류평가내신, 학교생활기록부, 자기소개서를 통해 1차 통과자를 선발한 후, 2차 면접평가를 통해 최종 합격자를 선발합니다.

몇 년 전까지는 '입학사정관전형'이라고 불렸습니다. 내신 성적만으로 지원자를 재단하지 않고, 학교생활기록부와 자기소개서 등을 통해 학생을 다방면으로 평가한다는 것이 특징입니다.

13. 학생부종합전형과 학생부교과전형의 차이를 알려주세요.

학생부종합전형과 학생부교과전형, 이 둘이 수시의 핵심입니다. '내신만 보는 학생부교과전형'을 제외하면 내신, 학교생활기록부, 자기소개서를 두루 본다는 것이 공통점입니다.

다만 강조점이 다릅니다. 이름에서 알 수 있듯이, 학생부'교과'전형은 교과 내신을 중심으로 봅니다. 반면에 학생부'종합'전형은 내신, 학교생활기록부, 자기소개서를 종합적으로 평가합니다.

14. 수시와 정시를 함께 준비할 수 있나요?

수시와 정시는 함께 준비할 수 있습니다. 아니, 반드시 함께 준비해야만 합니다.

내신 성적이 기대에 못 미친다는 이유로 정시에 '올인'하는 학생들이 있습니다. 그러나 이것은 매우 위험한 태도입니다. 정시 선발 인원이 수시의 $\frac{1}{3}$ 밖에 되지 않습니다. 선발 인원이 적은데 N수생 지원자도 많아서 경쟁이 치열합니다.

수시는 최대 6곳, 정시는 최대 3곳을 지원할 수 있습니다. 한 학생당 9번의 기회가 있는 셈입니다. 수시를 포기하고 정시만 준비한다는 것은 그중 6개의 기회를 버리는 꼴입니다.

학생부종합전형은 전체 인원의 약 25%서울 주요 대학은 약 43%를 뽑는 최대 전형임에도 생각보다 준비할 것이 적습니다. 정시 준비에 전혀 지장을 주지 않는다고 장담합니다. 게다가 내신이 기대보다 낮아도 정시 이상의 결과를 기대할 수 있습니다. 정시와 수시특히 학생부종합전형는 반드시 함께 준비해야 합니다.

15. 원서접수 시기는 언제인가요?

정시 원서접수 기간은 보통 12월 말에서 1월 초 사이입니다. 수시 원서접수 기간은 통상 9월 중순입니다. 대학별로 다소 차이가 있으니, 확실한 것은 각 대학의 모집요강을 참고해야 합니다.

당연한 이야기입니다만 정시 원서접수를 위해서는 수능을 봐야 하고, 수능을 보려면 수능접수를 먼저 해야 합니다. 수능접수 기간은 보통 8월 말부터 9월 초입니다. 고등학교 재학 중이라면 빠뜨릴 리 없지만, N수생이라면 깜빡하고 놓칠 수 있으니 유의해야 합니다. 증명사진과 신분증 등 접수 시 필요한 서류도 미리 준비해둬야 합니다.

16. 수능최저 기준이 무엇인가요?

수능최저 기준은 수시에서 합격했더라도 수능 등급이 일정 기준 이하일 경우, 자동 탈락이 되는 걸 말합니다.

각 대학교와 전형마다 수능최저 기준이 다른데, 학생부종합전형은 수능최저 기준이 없는 경우가 거의 대부분입니다. 서울 소재 대학 중 수능최저 기준이 있는 대학은 고려대, 서울대, 홍익대, 이화여대 네 곳뿐입니다.

17. 올해는 2020년인데, 왜 입시에서는 '2021학년도'라고 하나요?

올해는 2020년입니다만, 입시에서만큼은 '2021학년도'라고 표현합니다. 2020년 11월에 볼 수능은 2021학년도 수능입니다. 각 대학의 정시, 수시 모집요강 역시 2021학년도 것을 봐야 합니다.

마찬가지로 2018년에는 2019학년도, 2019년에는 2020학년도라고 불렀습니다. 이렇듯 한 해를 높여 칭하는 것은 올해2020년 입시를 보는 학생이 내년2021년 입학자이기 때문이라고 이해하면 쉽습니다.

18. 서울 소재 대학교 명단을 알려주세요.

전문대와 특수대학을 제외한 4년제 종합대학은 다음과 같습니다. 흔히 말하는 '인서울'입니다.

가톨릭대학교, 건국대학교, 경희대학교, 고려대학교, 광운대학교, 국민대학교, 덕성여자대학교, 동국대학교, 동덕여자대학교, 명지대학교, 삼육대학교, 상명대학교, 서강대학교, 서경대학교, 서울과학기술대학교, 서울대학교, 서울시립대학교, 서울여자대학교, 성공회대학교, 성균관대학교, 성신여자대학교, 세종대학교, 숙명여자대학교, 숭실대학교, 연세대학교, 이화여자대학교, 중앙대학교, 한국외국어대학교, 한성대학교, 한양대학교, 홍익대학교.

19. 성적이 어느 정도 돼야 '인서울' 대학교에 갈 수 있나요?

답은 없습니다. 그래도 대략 말하자면, 내신이나 수능이 약 2등급 초반은 돼야 '인서울' 하위권 대학의 합격권이라고 합니다. 그러나 이는 말 그대로 대략적인 수치입니다.

학교생활기록부와 자기소개서를 두루 보는 요즘은기회균등전형, 학생부교과전형, 학생부종합전형 1등급 후반 학생이 떨어지고, 5등급 학생이 붙는 경우도 수두룩합니다.

20. 서울대는 입학 정원의 76%를 학생부종합전형만으로 선발한다는데, 사실인가요?

네 맞습니다. 서울대는 전체 선발 인원의 무려 76.8%를 학생부종합전형으로 선발합니다수시 정원의 76.8%가 아니라, 입시 전체 정원의 76.8%. 올해 2021학년도 역시 76.8%를 학생부종합전형으로 선발합니다.

서울대는 학생부교과전형이나 논술전형 등이 없고, 오직 학생부종합전형만으로 수시 인원을 선발합니다. 서울대가 목표인 학생은 반드시 학생부종합전형을 대비해야 합니다.

단, 서울대는 수시에 수능최저 학력 기준을 적용하므로 수능 역시 소홀히 해선 안 됩니다.

21. 각 대학교의 입시전형을 더 자세히 알고 싶어요.

대학 입시에 대해서 알기 쉽게 살펴봤습니다만 보다 정확하고 구체적인 입시전형 및 평가요소, 일정 등을 알기 위해선 반드시 해당 대학교 입학처 홈페이지의 2021학년도 모집요강을 봐야 합니다. 모집요강을 봐도 잘 모르겠다면, 입학처에 전화로 문의하면 됩니다.

신문 기사나 입시 사이트에서도 입시전형 정보를 얻을 수 있습니다. 하지만 작년 자료이거나 세부 사항이 틀린 경우도 많습니다. 꼭 해당 대학의 입학처 자료를 확인해야 합니다.

22. 각 학과의 정보를 자세히 알고 싶어요.

아직도 본인이 가고자 하는 학과를 확정하지 못한 학생들이 있을 겁니다. 그런 학생들은 〈대학 어디가www.adiga.kr〉를 참고하세요. 〈커리어넷www.career.go.kr〉과 〈워크넷www.work.go.kr〉에서도 양질의 정보를 얻을 수 있습니다.

개설된 대학 명단, 커리큘럼, 진로 등 자세한 정보가 무료 제공됩니다.

23. 전문계고, 대안학교, 검정고시 출신도 수시를 지원할 수 있나요?

물론입니다. 전문계고, 대안학교, 검정고시 출신자도 학생부종합전형을 비롯한 수시에 응시할 수 있습니다. 실제로 서울 소재 대학에도 많이 합격합니다.

비인가 대안학교를 다니는 학생과 검정고시 출신자는 학교생활기록부에 준하는 활동보충 자료와 활동입증 자료를 제출할 수 있습니다. 활동의 기간은 검정고시 최종 합격일로부터 과거 3년 이내입니다.

다만, 대학마다 평가 서류 등에 차이가 있으므로 자세한 것은 해당 대학의 모집요강을 참고하거나, 입학처에 문의해야 합니다.

24. 2022 대입개편은 언제 시행되나요?

2022 대입개편은 2022학년도 입시를 보는 수험생부터 시행됩니다. 올해 2020년 기준, 고2는 1년 뒤인 2021년2022학년도 입시에 고3이 됩니다. 즉 2022 대입개편은 현재 고2통상 2003년생부터 적용됩니다. 현재 고3통상 2002년생 학생은 2022 대입개편이 적용되지 않습니다. 따라서 현 고3은 2022 대입개편 변경사항을 볼 필요가 없습니다.

25. 2022 대입개편으로 무엇이 바뀌나요?

현재 선발 인원 비율인 수시 77 : 정시 23에서, 수시 70 : 정시 30으로 정시가 다소 확대됩니다. 수능에서는 문과 이과 구분 없이 탐구 과목을 2개 선택할 수 있게 되며, EBS 교재의 수능 연계율이 50%로 축소되고, 제2외국어 과목이 절대평가로 바뀝니다.

수시에서는 최저 학력 기준이 사실상 폐지됩니다. 적성고사가 폐지되고, 논술전형도 사실상 폐지 수순을 밟을 것으로 보입니다. 수시의 다른 전형들이 폐지되는 만큼, 학생부종합전형의 위상은 지금처럼 유지되거나, 더욱 커질 것으로 예상됩니다.

학생부종합전형의 경우 교사추천서가 폐지되며, 자기소개서 서식이 바뀝니다. 문항이 바뀌며 분량도 최대 5,000자에서 3,100자로 축소됩니다. 면접도 심층면접이 줄어들고, 일반면접이 확대됩니다.

또 학교생활기록부 기재 방식이 다소 개선되었습니다. 학교생활기록부 개선 사항은 표중요한 변경사항만 표시를 확인하세요.

2022 대입개편이 적용되는 고1통상 2004년생, 고2(통상 2003년생)이라고 해

	항목		개선 사항
01	인적사항		인적사항과 학적사항이 통합됨. 부모 정보 및 특기사항이 삭제됨.
02	학적사항		
03	출결상황		
04	수상경력		대학 원서접수 시 제공할 수 있는 수상 개수가 제한됨.
05	자격증 및 인증취득상황		대학 원서접수 시 자료로 제공할 수 없음.
06	진로희망사항		항목 자체가 실상 삭제됨. 학년별 장래희망을 기재하지 못함.
07	창의적체험활동상황*	자율활동	
		동아리활동	한 학년당 자율동아리는 1개만 기재 가능함. 동아리명과 활동 등 간략한 서술만 가능해짐.
		봉사활동	특기사항이 삭제되고, 봉사 시간을 비롯한 실적만 입력이 가능함.
		진로활동	
08	교과학습발달상황		방과후 학교활동을 기재하지 못함.
09	독서활동상황		
10	행동특성 및 종합의견		기재 분량이 500자로 축소됨.

* 창의적체험활동상황 특기사항 분량이 현행 최대 3,000자에서 최대 1,700자로 축소됨.

서 지금부터 이것들을 다 기억하고 있을 필요는 없습니다. 얼핏 보기에도 개편에 따라 새로 생기거나 늘어난 것은 없고, 삭제되거나 축소된 것이 많음을 알 수 있습니다.

즉, '학생부종합전형을 준비하는 부담이 줄어드는 방향으로 개선되었다'는 것만 기억하면 됩니다.

학생부종합전형의 기초

1. 어떤 학생이 학생부종합전형을 준비해야 하나요?

답은 '수험생이라면 누구나'입니다. 학생부종합전형은 명실상부 최대 입시전형입니다.

학생부종합전형뿐만 아니라 학생부교과전형과 기회균등전형 또한 학교생활기록부와 자기소개서를 평가하며, 평가 및 대비법은 대동소이합니다. 이 책은 이 전형들을 준비하는 학생들에게 큰 도움이 될 것입니다.

2. 학생부종합전형의 선발 인원을 알려주세요.

학생부종합전형은 전국 대학 기준으로는 두 번째로 규모가 큰 전형이며, 전체 선발 인원의 24.7%를 선발합니다. 서울 주요 대학 기준으로는 첫 번째로 규모가 큰 전형이며, 전체 선발 인원의 43.1%를 선발합니다.

서울대는 76.8%, 연세대는 48.5%, 고려대는 45.4% 인원을 학생부종합전형으로 선발합니다.

[학생부종합전형 선발 인원]

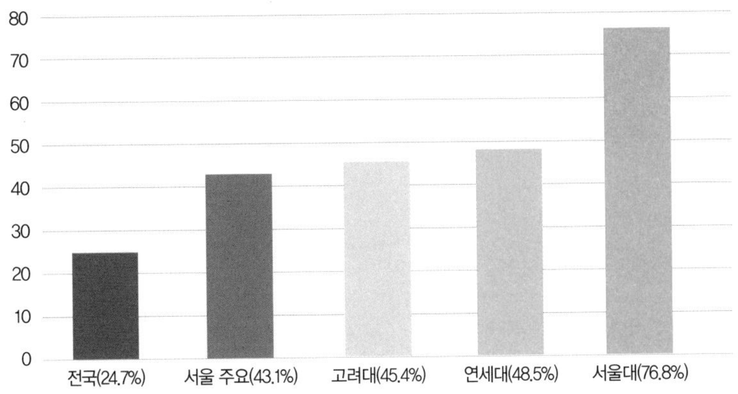

3. 학생부종합전형은 무엇을 평가하나요?

학생부종합전형은 '이 학생이 우리 대학, 우리 학과에 적합한 인재인가'를 봅니다. 이를 위해서 얼마나 해당 전공에 대한 관심과 소양을 갖췄으며, 전공 발전 가능성이 예상되는지를 가장 중요하게 봅니다. 여기에 더해 민주사회 인재로서의 책임감과 인성을 갖췄느냐를 고려합니다.

1차 서류평가로 내신, 학교생활기록부, 자기소개서를 평가합니다교사추천서를 요구하는 곳도 간혹 있음. 1차 통과자를 대상으로 2차 면접평가를 시행해 최종 합격자를 정합니다.

4. 학교생활기록부가 무엇인가요?

고등학교 3년간의 학교생활을 기록한 서류입니다. 줄여서 '학생부', '생기부'라고도 부릅니다. 담임 교사와 교과목 교사가 관리하고 작성하는 게 원칙입니다.

내신 성적을 비롯해 동아리활동, 수상경력, 진로활동 등 10가지 세부항목이 있습니다. 자세한 설명 및 대비는 〈chapter 3〉부터 〈chapter 6〉을 참고하세요.

5. 자기소개서가 무엇인가요?

자기소개서는 공통문항모든 대학 공통 3개와 자율문항대학마다 차이가 있음 1개로 구성됩니다. 분량은 도합 3,500자에서 5,000자이고, A4 3쪽 분량입니다.

학생부종합전형에서 제일 중요한 서류입니다. 자세한 설명 및 대비는 〈chapter 7〉부터 〈chapter 13〉을 참고하세요.

6. 교사추천서가 무엇인가요?

교사추천서는 담임 교사 혹은 교과목 교사가 작성하는 추천서입니다. 그런데 대부분 대학이 교사추천서를 요구하지 않습니다. 그마저 있는 곳도 평가 반영 비중이 무척 낮습니다.

학생의 능력이 아닌, 교사의 능력교사추천서에 따라 합격과 불합격이 결정돼선 안 되기 때문입니다.

게다가 추천서에 부정적인 말을 적어줄 교사는 거의 없을 것이고, 대부분 좋은 말들을 적어주기 마련입니다. 이에 교사추천서의 공신력은 높지 않습니다.

7. 면접이 중요하나요?

보통 1차 서류평가를 통해 정원의 3배수를 뽑습니다. 이후에 2차 면접평가 점수와 1차 서류평가 점수를 합산해 최종 합격자를 선발합니다. 2차 면접평가 점수만으로 최종 선발을 가리는 것이 아니며, 1차 서류평가 점수와 합쳐서 계산합니다.

2차이기는 하지만 실상 1차 서류평가의 질에 따라 2차 면접의 질이 결정되므로, 1차 서류평가가 가장 중요합니다.

8. 수능최저 기준은 따로 없나요?

대부분의 대학이 학생부종합전형에 수능최저 기준을 두지 않습니다. 극히 소수의 대학만이 수능최저 기준을 두고 있습니다.

수능최저 기준을 두면 수험생들의 부담이 늘어나며, 합격하고도 수능최저 기준 때문에 진학하지 못할 경우가 생깁니다. 그렇게 되면 성적 이

외 요소까지 종합적으로 평가하려는 학생부종합전형 본래의 취지와도 어긋나기 때문입니다.

9. 학생부종합전형은 어떻게 준비해야 하나요?

학생부종합전형에서 평가하는 서류는 학교생활기록부내신 포함와 자기소개서가 실상 전부입니다. 여기에 더해 교사추천서를 요구하는 대학도 간혹 있지만, 비중이 매우 미미하기 때문입니다.

학생부종합전형 준비 역시 학교생활기록부와 자기소개서를 대비하는 것이 전부입니다. 이 책이 학생부종합전형 대비, 합격의 가이드 역할을 할 것입니다.

10. 내신이 1.5등급인데, 학생부종합전형을 준비해야 할까요?

당연합니다. 내신이 1.5등급 이내면 SKY를 목표로 하는 최상위권입니다. SKY의 학생부종합전형 선발 비율은 무척 높습니다. 대략 서울대 77%, 고려대 46%, 연세대 49%입니다. SKY를 가기 위해서는 반드시 학생부종합전형을 준비해야 합니다.

이제는 내신 1.5~2.5등급 학생도 학생부종합전형으로 연세대, 고려대에 도전해볼만 합니다. 따라서 아무리 최상위권 학생이라도 방심해선 안 됩니다.

11. 내신이 5등급인데, 저도 할 수 있나요?

물론입니다. 일반고 내신 5등급 학생도 '인서울' 대학에 합격할 수 있습니다. 실제로 꽤 많은 학생들이 5등급 성적으로도 경희대, 동국대에 합격합니다. 학생부종합전형을 일찍부터 준비했다면 6등급 학생도 충분히 가능합니다.

성적이 낮더라도 전공에 대한 관심이 크고, 발전 가능성이 보인다면 대학은 그 학생을 뽑습니다. 심지어 내신 8등급인 학생이 서울 중상위권 대학에 합격한 사례도 있습니다. 지원 전공에 대한 관심과 이해가 무척 높았기 때문에 가능했습니다.

12. 외고, 과학고 등 특목고 학생에게 유리하지 않나요?

학생들 사이에서는 "학생부종합전형은 특목고 학생을 뽑는 전형이다."라는 소문이 있습니다.

이는 큰 착각입니다. 아무래도 특목고는 내신을 얻기가 어려우니, 대학 평가관들이 이 점을 조금 고려할 수는 있습니다.

그러나 딱 거기까지입니다. 절대 특목고라고 더 유리하고, 일반고라고 더 불리하지 않습니다. 실제로 특목고 합격자 비율은 낮습니다. 대부분이 일반고 학생이며, 심지어 전문계고 학생들도 서울 주요 대학에 합격합니다.

13. 지방에 사는 학생은 불리하지 않나요?

절대 그렇지 않습니다. 서울이라고 더 높은 점수를 주고, 지방이라고 더 낮은 점수를 매기지 않습니다. 서울 주요 대학 학생부종합전형의 많은 합격자들이 지방에서 배출됩니다.

실제로 인서울대의 수능과 논술 합격자는 수도권 학생의 비율이 높았던 반면, 학생부종합전형 합격자는 지방 학생이 더 많았다는 통계 자료도 있습니다. 이는 학생부종합전형이 교외활동 및 교외 스펙을 평가요소에서 철저하게 제외하기 때문입니다.

14. 스펙이 없는데요. 할 수 있을까요?

우선 학생부종합전형은 외부 스펙은 보지 않는다는 걸 말씀드립니다. 학교생활기록부에 기재된 교내 이력스펙만을 봅니다. 물론 교내 이력이 화려하면 유리합니다.

그러나 자기소개서를 잘 쓸 수 있다면, 부족한 교내 이력을 보완할 수 있습니다. 또 이력이 없는 것 같아도 학교생활기록부를 꼼꼼히 살펴보면, 무언가 자기소개서에 쓸 만한 이력이 분명 있기 마련입니다.

15. 학교생활기록부 페이지 수가 적은데요. 어떡하죠?

상담할 때 자신의 학교생활기록부 페이지 수가 몇 쪽이라고 말하는 학생들이 많습니다. 그러나 단순한 분량은 아무런 의미가 없습니다. 페이지 수를 기준으로 당락을 정하는 대학은 한 곳도 없습니다. 페이지 수가 많다고 유리하거나 적다고 불리하지 않습니다.

학교생활기록부에 필요 이상으로 긴 분량을 서술하는 학교와 교사가 있는가 하면, 꼭 필요한 내용만 간략히 써주는 학교와 교사가 있습니다. 그런데 단순히 분량으로 학생을 평가한다면 학생 개인의 능력이 아닌 어느 학교에 다니고, 어떤 교사를 만나느냐가 중요하게 됩니다. 그래서 분량이 무의미하다는 것입니다.

16. 글쓰기 실력이 없는데요. 할 수 있을까요?

괜찮습니다. 논술은 글쓰기 실력을 봅니다만, 학생부종합전형은 글쓰기 실력을 보지 않습니다. 논술은 수능을 보듯이 현장에서 즉석으로 보기 때문에 잘 쓴 글이 좋지만, 학생부종합전형에 제출하는 자기소개서는 현장에서 쓰는 것이 아니기 때문입니다.

그래서 너무 잘 쓰면 오히려 대필 의혹을 받을 수 있습니다. 자기소개서 쓰기가 걱정이라면, 〈chapter 7〉부터 〈chapter 13〉을 읽어보세요.

17. 리더십이 없고 소심한 성격인데요. 할 수 있을까요?

학생부종합전형은 전공에 알맞은 학생을 뽑는 것이지, 리더를 뽑는 것이 아닙니다. 생각해보세요. 기계공학을 공부하는데 리더십이 필요하나요? 국어국문학을 공부하는데 리더십이 필요하나요?

성격이 소심해도 상관없습니다. 소심한 성격의 장점이나, 혹은 자기가 지닌 다른 장점을 어필하면 됩니다.

18. 고3인데요. 너무 늦지 않았나요?

네, 고3 때 학생부종합전형 준비를 시작한다면 늦은 게 맞습니다. 모든 전형이 그렇듯이 학생부종합전형 역시 일찍 준비할수록 유리합니다.

그러나 대부분의 학생이 고3이 돼서야 학생부종합전형을 시작합니다. 그리고 그렇게 늦게 시작한 학생들도 잘만 준비하면, 자기 성적보다 몇 단계 높은 대학에 합격하는 사례가 수두룩합니다.

19. 말주변이 없는데요. 면접에서 떨어지지 않을까요?

말 잘하는 사람을 뽑기 위해 면접을 보는 것이 아닙니다. 고3 학생이 아무리 말을 잘한다고 면접관인 교수 눈에 얼마나 큰 차이가 있을까요? 학생부종합전형에서 면접은 실상 1차 서류, 즉 학교생활기록부와 자기소개서를 확인하는 수준의 질문이 대부분입니다.

서류가 매력적이지 않았다면, 면접관 입장에서는 궁금한 것이 적고 그러면 좋은 질문이 나오기 힘듭니다. 반면 서류가 매력적인 학생이라면 궁금한 것도 많고, 자연히 좋은 질문을 받을 수 있을 것입니다. 서류의 질이 면접의 질을 결정합니다. 면접보다는 학교생활기록부와 자기소개서가 훨씬 중요합니다.

20. 학원이나 컨설팅, 부모님 도움 없이 혼자 준비할 수 있나요?

학생부종합전형 합격의 모든 팁을 이 책에 담았습니다. 이 책의 지침을 따라간다면 누구나 혼자 힘으로도 고액 컨설팅 못지않은 결과를 얻을 수 있을 것입니다.

학생부종합전형 대비는 학교생활기록부 대비와 자기소개서 대비가 전부입니다. 현재 시점에서 고3이라면 자기소개서에 집중해야 하고, 고1과 고2라면 학교생활기록부에 신경 써야 할 때입니다. 학년별 대비법은 〈chapter 2〉를 참고하세요.

21. 학생부교과전형과 기회균등전형은 어떻게 대비해야 할까요?

학생부교과전형내신만 보는 일부 전형 제외과 기회균등전형 역시 학생부종합전형처럼 학교생활기록부와 자기소개서를 평가합니다. 학교생활기록부 관리법과 자기소개서 작성법 역시 학생부종합전형과 다르지 않습니다.

학생부교과전형과 기회균등전형을 준비하는 수험생 또한 이 책을 읽고 준비하면 됩니다.

■ chapter 1 ■

성적이 그대로여도 대학 올리는 비밀

수능만으로는 원하는 대학 못 간다

〈왕초보 학부모·수험생을 위한 Q&A〉를 읽고 이해했다면, 사실상 대입 체계는 거의 다 파악한 것과 다름없다고 말할 수 있다. 준비를 마친 셈이다. 그렇다면 이제 본격적으로 대입 필승 전략을 세워보도록 하자.

생각보다 많은 학부모와 수험생들이 수시를 지레 포기한다. 심지어 아직도 수능만 잘 보면 원하는 대학에 갈 수 있다고 믿는 학부모가 수두룩하다. 그런데 현재 대입 정시와 수시 비율이 약 2.3 : 7.7이다. 쉽게 말해 대학에서 학생 100명을 선발한다면 그중 수능으로 선발하는 인원은 23명뿐이고, 나머지 77명을 수시로 선발한다2022 대입개편 : 이 비율은 실상 큰 차이 없이 쭉 유지된다. 교육부는 2022년 대입부터 정시 선발 비율을 30%로 확보하거나 혹은 학생부

교과전형을 30%로 확보하는 것, 둘 중 하나를 따르도록 권고했다. 이에 따라 서울권 대학은 정시 비율을 30%로 확보할 것이고, 지방 대학은 학생부교과전형 비율을 30%로 확보하는 방향으로 갈 것이다. 여전히 수시가 정시의 2배가 넘고, 학생부종합전형이 입시의 중심인 것은 달라지지 않는다.

그렇다면 입시 대비는 당연히 정시와 수시를 함께 준비해야 맞다. 그것도 두 배 이상의 인원을 선발하는 수시가 중심이 돼야 한다. 물론 수시를 준비한다고 해서 정시를 포기하거나 소홀히 할 필요는 전혀 없다. 둘은 충분히 병행이 가능하기 때문이다.

수시, 특히 그중 다수를 차지하는 학생부종합전형 대비가 얼마나 간단하며 효과적인지 이 책에서 살펴볼 것이다.

아직도 수능만 준비하겠다는 위험한 생각을 가진 수험생이나 학부모가 있다면 당장 생각을 바꾸길 권한다.

강남 학부모만 아는 비밀

결론부터 공개하자. 강남 학부모만 아는 비밀은 바로 '학생부종합전형'이다. 그런데 이는 비밀이지만 공공연한 비밀이다. 학생부종합전형은 전국 대학 선발 인원의 약 25%이자, 서울권 특히 서울 주요 15개 대학의 경우에 정원의 약 43%를 뽑는 명실상부 최대 전형이다. 이 점에서 공공연하다.

그러나 정작 소수의 사람들만 전략을 세워 준비한다는 점에서 학생부종합전형은 은밀한 비밀이다. 어떻게 '공공연한 비밀'이 가능할까?

모름지기 공공연하면 비밀이 아니고, 비밀이라면 공공연할 수 없는데 말이다. 이것은 하나의 카르텔이다. 지방에서도 종종 유명 강사의 입시 설명회가 열린다. 그러나 그 내용의 질과 양이 서울의 고액 학원 및 컨설팅과 같을 리 없다.

그나마 국영수 등 교과목은 지역과 무관하게 학원과 과외를 등록할 수 있고, 유명 강사의 인터넷 강의를 들으며 출제 경향과 공부법을 배울 수 있다. 그러나 현재 수능보다 더 많은 인원을 선발하는 학생부종합전형에 대해 알려주는 학원이 있는지 둘러보라. 아무도 학생부종합전형에 대해 알려주지 않는다. 심지어 학교에서조차 말이다.

이것은 이 책을 집필하게 된 주요한 계기이기도 하다. 학생부종합전형은 비록 '공공연한 비밀'이지만, 조금만 관심을 갖고 대비하면 누구나 이 전형을 통해 자기 성적보다 높은 대학에 진학할 수 있다.

물론 고액 컨설팅을 받지 않고도, 혼자 힘으로 충분히 대비하고 합격할 수 있다. 누구나 따라올 수 있도록 전략과 방법을 이 책에 모두 공개했다.

* 서울 주요 15개 대학(가나다 순) : 건국대, 경희대, 고려대, 동국대, 서강대, 서울대, 서울시립대, 성균관대, 숙명여대, 연세대, 이화여대, 중앙대, 홍익대, 한국외대, 한양대.

대학 입시, 정보가 전부다

아직도 수능이 전부인 줄 착각하는 평범한 학부모와 수험생과 달리, 강남의 경우처럼 소수의 학부모와 수험생은 수시 특히 학생부종합전형을 일찍부터 세밀하게 대비한다.

그나마 정시는 수능 공부 열심히 하고 대학별 커트라인과 지원 쏠림만 잘 고려하면 그만이다. 따로 서둘러 준비해야 할 입시 전략이 없는 셈이다. 그러나 학생부종합전형은 내신 성적뿐 아니라, 학교생활기록부와 자기소개서 등을 다각도로 평가한다.

그래서 정시에서 5등급을 받은 학생은 당연히 5등급 대학을 가기 마련이다. 하지만 학생부종합전형은 5등급인 학생도 입시 정보가 얼마나 있느냐, 수시를 미리 대비했느냐에 따라 5등급 대학을 가기도 하고 2등급 대학을 갈 수도 있다.

실제로 많은 학생이 5등급 성적표를 가지고도 인서울 대학에 진학한다. 정시가 성적을 수치화하는 객관평가라면, 수시는 다방면을 살피는 주관평가이기 때문이다. 성적이 같아도 대입에 대한 정보와 이해에 따라 합격하는 대학이 갈리는 것이다. 그렇다고 학부모와 학생이 일일이 대입 설명회를 쫓아다니며 정보를 채집해야 하는 것은 결코 아니다.

정말 기초적인 자세와 이해만 갖추면 된다. 그것은 앞서 말했듯이 정시와 수시를 아울러 준비하겠다는 자세다. 그리고 이 책에서 앞으로 소개할 학생부종합전형에 대한 이해와 대비 비법만 잘 따라오면 된다.

같은 5등급,
앤 지방대 걘 경희대

학벌에 대한 차별과 편견이 견고하다. 안타깝게도 이러한 인식이 사회 전반적으로 팽배하다. 사회적 차원에서는 이 같은 차별을 해소하는 방향으로 가는 게 옳겠지만, 당장 개인 입장에서는 지방대보다 인서울과 명문대에 진학하는 일이 급선무일 것이다.

요즘은 같은 고등학교를 다니는 같은 성적의 학생이 다른 등급의 대학에 진학한다. 예컨대 내신 성적이 5등급인 학생 둘이 있다면 한 명은 지방사립대에 가지만, 한 명은 경희대에 간다. 성적만 본다면 2등급 밑으로는 인서울 대학에 지원하는 것 자체가 불가능하다. 그런데도 5등급 학생이 경희대에 합격하는 것은 학생부종합전형으로 지원했기 때문이다.

학생부종합전형이 내신 성적을 전혀 보지 않는 것은 아니다. 그러나 성적이 당락을 좌우하는 절대 지표가 아니라는 점에서 정시나 옛날 수시와는 큰 차이가 있다.

학생부종합전형에서 내신 성적이란 그저 학생을 평가하는 여러 지표 중 하나일 뿐이다. 학생부종합전형은 성적과 더불어 그 외 학교생활기록부와 자기소개서를 두루 평가한다.

그래서 같은 성적이어도 누구는 지방대를 가고, 누구는 인서울 대학을 가는 일이 몇 년 전부터 허다하다. 학생부종합전형에 조금이라도 관심을 갖고 준비하느냐, 그렇지 않고 애초에 포기하거나 아무런 이해 없이 닥쳐서 시작하느냐가 지방대와 인서울을 결정한다.

SKY 입학의 필수 관문

중위권 및 하위권 학생에게 있어서 학생부종합전형이 인서울 진입을 위한 놓쳐선 안 되는 기회라면, 상위권 학생에게는 그야말로 선택의 여지가 없는 필수다.

서울대, 고려대, 연세대의 전체 모집 인원 대비 학생부종합전형 선발 비율을 보자.

2021학년도가 적용되는 올해 서울대는 전체 모집 인원의 무려 76.8%를 학생부종합전형으로 뽑는다. 고려대는 45.4%, 연세대는 48.5%를 선발한다. 이러한 추세는 계속 유지될 것으로 보인다2022 대입개편 : 2022학년도 이후로는 정시가 30%로 다소 확대된다. 그럼에도 학생부종합전형은 여전히 최대 인원을 선발하는 전형으로 유지된다.

이에 몇 년 전부터 2등급대 학생 중에서도 SKY 합격자가 많이 배출되고 있다. 옛날이면 2등급은 SKY에 지원조차 할 수 없는 성적이다. 그러나 학생부종합전형을 통해 당당히 SKY를 노릴 수 있게 된 것이다.

반면 1등급 극초반의 최상위권 학생들은 더 이상 성적만으로는 SKY 합격을 보장받지 못하게 되었다. 아무리 성적이 높은 최상위권 학생도 이제는 2등급 학생과 경쟁해야 한다. 최상위권도 학생부종합전형을 대비하지 않으면 SKY 합격은 요원하다. 학생부종합전형이 SKY 입학의 필수 관문이 된 것이다.

학생부종합전형이 최대 전형이 된 이유?

상기하듯이 전국 대학의 약 25%를 학생부종합전형으로 선발한다. 서울권 주요 15개 대학에 한정하면 약 43%를 학생부종합전형으로 선발한다. 학생부종합전형은 전체 대학 기준으로 두 번째로 많은 인원을 뽑는 전형이며, 서울권 15개 대학 기준으로는 가장 많은 인원을 뽑는 전형이다.

학생부종합전형이 이렇듯 최대 전형으로 부상한 이유는 무엇일까?

학생부종합전형이 도입된 이유를 알면 학생부종합전형을 이해하고, 여기에 맞춰 전략을 세우는 데 도움이 될 것이다.

학생부종합전형이 이토록 최대 전형이 된 데에는 여러 이유가 있지만, 그중 핵심 이유는 오직 숫자로 치환된 성적만으로 학생을 평가하는 기존 수능과 내신평가의 한계를 느꼈기 때문일 것이다. 이를 보완하기 위해 학생부종합전형이 탄생했다.

학생부종합전형 제도화 이전에는 경영학과에 진학하는 학생은 경영학과에 대한 관심과 열정, 진로에 대한 확신보다는 흔히 말하는 '성적 맞춰서 들어왔어요'가 주를 이뤘다. 하지만 이제는 대학에서 각 전공에 어울리는 인재들을 뽑겠다는 것이다.

성적이 2등급이지만 특색 없는 학생보다는 성적은 3등급이라도 꿈이 뚜렷하고, 책임감과 문제의식을 갖춘 학생을 대학은 원한다. 이러한 대학의 인재 선발 욕구에 따라 서울 소재의 상위권 대학부터 점차 학생부종합전형이 확대됐고, 오늘날까지 이른 것이다.

여기에 학생부종합전형의 힌트가 있다. 비록 성적은 낮더라도 본인이 꿈이 뚜렷하고 책임감과 문제의식을 갖춘 학생임을 잘 어필할 수만 있다면, 대학은 그 학생을 뽑을 수밖에 없다. 다만 어떻게 설득력 있게 어필하느냐, 이것이 대학 당락의 핵심이다.

왜 담임 교사는 안 알려줄까?

대부분 학생에게 있어서, 입시 정보를 얻는 통로는 학교 선생님이다. 그런데 학교와 교사마다 차이는 있지만, 대체로 학교 선생님은 학생부종합전형에 대해 많이 말해주지 않는다.

교사는 교육과 담당 교과의 전문가이지, 입시 전문가가 아니다. 교사라고 마냥 입시에 밝은 것은 아니다. 또 담임 교사 한 명당 보통 25명의 학생을 신경 써야 한다. 따라서 모든 학생의 입시 대책을 세세하게 신경 써주기는 아무래도 힘든 게 사실이다.

특히 희망 전공에 따라 해야 할 것이 천차만별인 학생부종합전형은 더욱 그렇다. 학교 선생님만 믿고 의지해서는 곤란한 이유다. 결국 대학에 가는 것은 나다. 선생님이 대신해줄 수 없다. 내가 직접 계획하고 준비해야 한다.

'흙수저'도 할 수 있다

정말 학생부종합전형을 지방 학생도, '흙수저' 학생도 준비할 수 있을까? 괜히 어설프게 준비하다 수능 공부에 방해만 되는 것은 아닐까?

답부터 말하자면, 결코 그렇지 않다.

학생부종합전형구 입학사정관전형은 2009년부터 본격적으로 시행됐다. 초창기만 해도 학생부종합전형은 '금수저'에게 무척 이로운 전형이었던 게 사실이다. 그때는 자기소개서에 교외 경시대회 수상경력, 외국어시험 점수, 해외유학, 해외봉사 등을 모두 기록할 수 있었기 때문이다.

그러니 화려한 교외 스펙을 쌓을 여력이 없는 일반 학생들이 학생부종합전형을 대비하기에는 무리가 컸던 게 사실이다. 게다가 초기에는 학생부종합전형으로 뽑는 인원이 지금처럼 많지 않았다. 소수 인원만 뽑았으니, 일찍부터 대비한 사람만 합격할 수 있었다.

그러나 지금은 이러한 점들이 모두 개선되었다. 현재 학생부종합전형에는 해외유학이나 외부 수상경력 등 외부 스펙을 일체 적을 수 없다. 오직 교내활동에 기초해 지원자를 평가한다. 심지어 자기소개서에 부모 직업만 적어도 자동 탈락이다.

이제는 지방 학생도, 흙수저도 동등하게 학생부종합전형을 준비할 수 있도록 제도적 장치가 마련된 것이다. 선발 인원 역시 초창기와 비교할 수 없을 정도로 늘었다.

또한 학부모의 도움 없이 학생 혼자 힘만으로도 충분히 대비가 가능하다. 물론 학부모가 옆에서 도와준다면 더 좋기는 하겠지만, 학생 혼자 충분히 학업에 방해되지 않고도 학생부종합전형을 대비할 수 있다.

곧 다루겠지만, 학생부종합전형을 대비하는 데 필요한 시간은 한 달에 딱 1시간이면 충분하다. 한 달에 1시간도 투자할 여유가 없는 학생은 아마 없을 것이다.

■ chapter 2 ■

학생부종합전형, 1달에 1시간이면 끝

학종은 이것만 평가한다

학생부종합전형이하 축약해 '학종'이 평가하는 서류는 단 둘뿐이라고 보면 된다.

첫째, 학교생활기록부다. 줄여서 '학생부'나 '생기부'라고 부른다. 여기에는 학생의 고등학교 재학 기간 중 내신 성적부터 간략한 인적사항, 출결, 교내 수상경력, 동아리활동 등이 기록되어 있다.

둘째, 자기소개서다. 자기소개서는 공통문항 3개와 자율문항 1개로 구성된다. 분량은 보통 5,000자 이내다. A4용지로 환산하면 3쪽 정도다. 자기소개서 문항은 전국의 대학이 협의해 만든 공통문항을 사용한다.

다만 공통문항인 1, 2, 3번 문항과는 다르게 마지막 4번 문항은 없거나 혹은 대학마다 질문 내용이 다소 차이가 있다. 그렇지만 실상 거의 다 비슷하다고 볼 수 있다2022 대입개편 : 자기소개서 문항 서식이 변경된다. 현행 4개 문항 5,000자가 3개 문항 3,100자로 바뀐다. 구체적인 내용은 아직 미정이지만, 큰 틀은 유지될 것으로 예상된다.

단, 일부 대학의 경우 교사추천서를 요구하는 곳도 있다. 교사추천서는 말 그대로 재학 중인 학교의 교사가 쓰는 추천서다. 여기에는 학생이 관여할 수 없고 원칙적으로는 학생이 열람하는 것도 불가능하다. 그런데 보통은 교사가 뻔한 '좋은 말'을 써주기 마련이다. 대학에서도 이것을 잘 알기 때문에 교사추천서의 내용에 크게 비중을 두지 않는다2022 대입개편 : 교사추천서는 폐지된다.

실상 학교생활기록부와 자기소개서가 학종에서 평가하는 자료의 전부다. 그렇다면 학종 대비도 둘뿐이다. 학교생활기록부를 관리하는 것, 자기소개서를 잘 쓰는 것이 전부다. 이 2가지만 충실히 준비하면 원하는 대학에 합격하는 것은 어렵지 않다.

핵심은 능력이 아니라 발전 가능성이다

학종 도입 이전에는 대학의 생각을 딱히 궁금해하지 않아도 괜찮았다. 어차피 당락을 결정하는 것은 사람이 아니라, 성적을 환산하는 컴퓨터였기 때문이다. 그러나 이제는 컴퓨터가 아닌 사람이 직접 평가하여 합격, 불합격을 결정하는 시대다.

"대학은 어떤 학생을 원할까?"

수험생이라면 궁금해야 할 필수 질문이 되었다. 정말 대학은 어떤 학생을 원하는 걸까?

질문을 좁혀보자. 학종에서 평가하는 서류는 학교생활기록부와 자기소개서다. 그렇다면 대학은 학교생활기록부와 자기소개서에서 무엇을 기대하며, 무엇을 평가하는 것일까?

보통은 능력과 스펙이 뛰어난 학생을 대학이 선발할 것이라 추측한다. 그러나 절대 그렇지 않다. 대학이 선발하려는 학생은 능력 있는 학생이 아닌, 가능성 있는 학생이다. 얼핏 비슷한 것 같지만 결이 다르다.

일반 기업과 대학교의 차이를 떠올리면 이해가 쉽다. 기업에서 필요로 하는 인재는 능력이 뛰어난 사람이다. 기업이 직원을 뽑는 이유는 당장 업무를 맡기고 실적을 내기 위해서다. 그래서 기업은 능력을 증명하는 스펙을 주요 평가요소로 삼는다.

반면 대학교는 일을 시키기 위해서 학생을 선발하는 게 아니다. 대학교는 교육하는 곳이다. 대학의 목적은 학생을 잘 교육하는 데에 있지, 기업처럼 사람을 활용하는 데에 있지 않다. 그래서 능력이 완성된 사람보다는 비록 현재 성적은 낮고 능력은 부족하더라도 앞으로 발전 가능성이 있고, 교육할 가치가 있는 학생을 뽑으려 한다.

이 차이를 이해해야 학종을 어떻게 대비해야 할지 그 방향이 잡힌다. 학교생활기록부 관리와 자기소개서 작성의 중점은 '능력을 보여주기'가 아니라, '발전 가능성을 나타내기'다.

특히 지원 전공의 발전 가능성이다. 해당 대학, 해당 전공의 교육에 적합한 인재임을 설득해야 한다. 물론 능력과 스펙 또한 '발전 가능성'을 평가하는 한 요소다. 다만 그 중점을 확실히 알아야 한다.

딱, 1달에 1시간만 투자하자

생각보다 학종 대비는 쉽다. 시간도 많이 소요되지 않는다. 자기소개서는 분량이 A4 기준 3쪽밖에 되지 않는다. 게다가 논술전형처럼 제한된 시간과 공간에서 즉석으로 써야 하는 것도 아니고, 사전에 문항이 공개된다. 미리 작성해서 정해진 기간 안에 제출하면 된다.

따라서 자기소개서는 일찍부터 차근차근 써둔다면 가장 좋고, 설령 늦게 시작하더라도 너무 많은 시간을 필요로 하는 것은 아니다. 단박에 많은 시간을 투자한다고 해서 잘 쓴 자기소개서가 나오는 것도 아니다.

학교생활기록부도 마찬가지다. 입시설명회나 여타 학종 관련 책을 보면, 학교생활기록부의 많은 사항을 세세하게 관리해야 하는 것처럼 이야기한다. 능력 있는 학부모가 시간을 내서 돕거나 개인 컨설턴트를 고용하지 않는 이상, 일반 학생들은 염두도 못 낼 정도다. 지레 포기하기 쉽다.

그러나 절대 겁먹을 필요 없다. 시중에서 주장하는 학종 대비의 많은 부분이 과장됐다고 확언한다. 이 책 〈chapter 3〉부터 〈chapter 6〉까지 '학교생활기록부, 3원칙의 이력서'에서 소개하는 몇 가지만 신경 쓰고 챙긴다면 학교생활기록부 관리는 충분하다. 그것만으로도 명문대, 인서울 대학에 합격한다.

애초에 학교생활기록부는 학생이 작성하지 못한다. 전적으로 교사의 권한이며, 교사가 모두 작성한다. 다만 그때그때 학생이 신경 써야 할 게 있다. 그것만 하면 된다. 시간은 1달에 1시간이면 충분하다. 1일마다 1시간, 1주일마다 1시간도 아니다. 1달에 1시간이다. 딱 1시간으로 학종을 시작하자2022 대입개편 : 학교생활기록부 양식과 분량이 개선됨에 따라, 학생들의 부담은 더 줄어든다.

최적의 시기는 바로 지금

언제부터 학종을 준비하는 게 이상적이냐는 질문을 자주 받는다. 답은 바로 지금이다. 사실 학종은 최대한 빨리 시작할수록 좋다. 많은 시간이 소요돼서 서둘러야 하는 게 아니다. 일찍 시작할수록 할 수 있는 게 많기 때문이다.

따라서 가장 이상적인 학종 대비 시작은 중학교 때 이미 전체 틀을 구상한 후, 고등학교에 진학하는 것이다. 그러나 이 말은 마치 수능 수학 공부를 중학교 때 선행학습으로 모두 끝낸 다음, 고등학교에 진학하는 것이 수학 1등급 비결이라고 말하는 것과 같다.

가장 이상적이지만 그만큼 현실과 거리가 멀다. 그렇게 일찍 학종을 시작하는 사람은 고등 수학을 중학생 때 모두 마스터하는 사람만큼이나 소수다.

일찍 시작한 사람은 물론 늦게 공부하는 사람도 해낼 수 있어야 진정한 수학 1등급 비결일 것이다. 학종으로 명문대, 인서울에 합격하는 비결 역시 마찬가지다. 고2 때 혹은 고3 때 시작해도 합격할 수 있어야 진정한 비결이다. 이에 학년별 대비법을 소개하고자 한다. 다음 중 자기 학년에 해당하는 부분을 읽자. 일종의 가이드 역할을 할 것이다.

고1, 확고한 꿈을 정하라

2020년 기준 고등학교 1학년은 2022 대입개편이 적용된다. 학교생활기록부 기재 방식이 몇 가지 개선되며, 자기소개서도 기존 4개 문항 5,000자에서 3개 문항 3,100자로 축소된다자세한 것은 '왕초보 학부모 · 수험생을 위한 Q&A'를 참고하라. 현행과 비교해 크게 달라진 것은 아니지만, 학생의 부담이 더 줄어들었다고 말할 수 있다.

학종 평가의 핵심은 발전 가능성인데, 정확히 말하자면 지원 전공과 관련한 발전 가능성이다. 이 '전공 발전 가능성'을 키우기 위해 노력해야 하는데, 그렇다면 먼저 나의 전공을 정해야 한다.

다시 말해 입학하고 싶은 학과를 선택해야 한다. 대부분의 학생들이 고2, 고3이 돼서야 전공을 정한다. 그러므로 고1 때 일찍 전공을 정할 수 있다면 그것만으로도 무척 우위에 서는 셈이다.

전공을 확실히 정했다면, 해당하는 전공에 맞춰 학생부를 관리해야 한다. 학내활동을 다양하게 섭렵하려 하기보다는 한 전공에 집중하는 것이 효율적이다. 굳이 전공 밖 활동에 애쓰지 말고, 그 시간에 내신과 수능 공부를 하자.

고1이라면 아직 〈chapter 7〉부터 〈chapter 16〉까지를 읽을 필요는 없다. 세심히 고민해서 지원 전공을 정하자. 그다음 자기 전공에 맞춰 〈chapter 3〉부터 〈chapter 6〉에서 제시하는 학교생활기록부 관리 팁을 충실히 따르면 된다. 다만 대입개편에 따라 달라지는 사항은 모두 주석을 달았으니, 주석을 주의하며 읽자.

고2,
학종 속 '나'를 디자인하라

2020년 기준 고등학교 2학년은 2022 대입개편이 적용되는 첫 세대다. 학교생활기록부 기재 방식이 몇 가지 개선되며, 자기소개서도 기존 4개 문항 5,000자에서 3개 문항 3,100자로 축소된다자세한 것은 이 책의 '왕초보 학부모 · 수험생을 위한 Q&A'를 참고하라. 현행과 비교해 크게 달라진 것은 아니지만, 학생의 부담이 더 줄어들었다고 말할 수 있다.

고등학교 2학년 때 학종 대비를 시작한다면 고1만큼은 아니라도 빠른 축에 속한다. 지원할 전공을 아직 정하지 못했다면 지금이라도 정하면 된다. 고1 때 진로희망사항 칸에 희망하는 진로를 적었을 것이다. 혹 그 사이 꿈이 바뀌었더라도 괜찮다. 바뀐 꿈, 전공에 맞춰서 학교생활기록부를 관리하면 된다.

어차피 1학년 때는 꿈을 탐색하는 기간이기 때문에, 꿈이 급격하게 바뀌었더라도 크게 상관은 없다. 다만 바뀐 이유를 추후 자기소개서에 조금 언급해주면 된다.

고2는 〈chapter 3〉부터 〈chapter 6〉에서 제시하는 학교생활기록부 관리 팁을 충실히 따라가도록 하자. 다만 대입개편에 따라 달라지는 사항은 모두 주석을 달았으니, 주석을 주의하며 읽자. 물론 내신관리도 중요한데 혹 고1 때 성적이 기대에 못 미쳤더라도, 학종은 3년간 성적의 평균보다도 상승 곡선이 중요하니 낙담하지 말자. 고1 때보다 조금이라도 내신 성적을 향상하는 게 중요하다.

고2 때 자기소개서 문항을 미리 읽고 구상을 시작할 수 있다면 무척 좋다. 그런데 문제는 고1과 고2가 작성하게 될 새로이 개편된 자기소개서 문항이 아직 확정되지 않았다는 것이다. 그러나 지금 논의되고 있는 것을 보면 현재의 문항들이 통폐합되는 것이지, 기존에 없었던 새로운 사항을 묻는 문항이 생겨날 확률은 극히 적다. 다시 말해 형식이 다소 바뀔 뿐, 지금 문항의 내용과 크게 달라지지 않는다는 것이다.

그러므로 우선 가볍게 〈chapter 7〉부터 〈chapter 16〉에서 소개하는 자기소개서 작성법을 쭉 훑어보는 것이 고2에게도 도움이 된다. 자기소개서를 어떻게 써야 할지, 어떤 자기소개서가 합격하는지 감이 올 것이다. 물론 이후 구체적 문항이 바뀌고, 또 고3 때 활동을 반영해야 하므로 미리 완벽한 자기소개서를 쓰려고 서두를 필요는 없다.

다만 고2 때 자기소개서를 쓰기 시작하면 그 과정에서 현재 자기가 무엇이 부족한지, 고3 때 무엇을 더 채워야 할지가 보인다.

고3, 자기소개서로 역전하라

아마 이 책을 읽는 다수는 고3 학생과 학부모가 아닐까 싶다. 많은 학생들이 안타깝게도 고3이 돼서야 학종을 대비하기 시작한다. 학종 평가에 반영되는 학교생활기록부내신 성적 포함는 고3 1학기까지다. 고3 2학기는 반영되지 않는다.

즉 학교생활기록부는 1학년 1학기부터 3학년 1학기까지 총 5학기의 기록인데, 그중 네 학기를 마쳤으니 실상 학교생활기록부의 큰 틀은 이미 완성된 셈이다.

그렇다 보니 고3은 학교생활기록부 관리를 다시 새롭게 시작할 수 없는 시기다. 그보다는 지금까지의 학교생활기록부 기록을 꼼꼼히 읽고 분석해서 부족한 부분을 일부 보완하고, 장점은 조금 발전하는 것에서 만족하는 수밖에 없다.

혹 고2 때 작성한 진로희망사항을 고3이 돼서 변경하고 싶다면, 바꾸지 않는 편이 낫다. 미묘한 변화는 물론 가능하다. 그렇지만 계열이 크게 바뀌어서는 안 된다.

예를 들어 고2 때 진로희망사항이 화가라면, 고3이 돼서 꿈을 산업디자이너로 바꾸는 정도는 충분히 가능하다. 그러나 갑자기 꿈이 화가에서 변호사로 바뀐다면 개연성을 잃게 된다.

고3은 학교생활기록부보다는 자기소개서 작성에 집중해야 한다. 자기소개서만 잘 쓰면 학교생활기록부의 단점을 보완할 수 있으며, 심지어 단점을 장점화할 수도 있다.

예를 들어 학교생활기록부 출결상황에 무단결석이 있다면 상당한 결점 요소다. 그런데 자기소개서를 통해 사연을 충분히 설명한다면, 오히려 독특하고도 감동적인 스토리가 될 수 있다.

고3은 내신 공부를 잘 마무리해서 기존 성적보다 조금이라도 등급을 올려놓도록 하자. 그리고 〈chapter 3〉부터 〈chapter 6〉에서 제시하는 학교생활기록부 관리 팁 몇 가지는 챙기자. 독서활동상황 정도다.

나머지는 자기소개서에 집중하자. 자기소개서로 충분히 역전 가능하다. 고3 때 늦게 학종을 시작한 학생도 자기 성적보다 몇 등급 높은 대학에 갈 수 있다.

■ chapter 3 ■

학생부, 3원칙의 이력서

학교생활기록부의 모든 것

학생부종합전형에서 보는 서류는 학교생활기록부와 자기소개서뿐이다간혹 요구하는 교사추천서는 중요하지 않다. 〈chapter 3〉부터 〈chapter 6〉에서는 학교생활기록부는 무엇이고, 학교생활기록부를 어떻게 관리해야 할지 알아본다. 누구나 적은 시간을 투자해 관리할 수 있으면서도 대학 합격을 보장하는, 효율을 극대화하는 팁을 공개한다.

학교생활기록부이하 축약해 '학생부'는 총 10개 항목으로 구성되어 있다. 순서대로 △인적사항 △학적사항 △출결상황 △수상경력 △자격증 및 인증취득상황 △진로희망사항 △창의적체험활동상황 △교과학습발달상황 △독서활동상황 △행동특성 및 종합의견이다.

학교생활기록부			
1	인적사항	주소 생년월일 등 학생과 학부모의 간단한 인적사항을 기재.	
2	학적사항	졸업 중학교와 현 고등학교 교명, 재학 기간 및 전학사항을 기재.	
3	출결상황	출석, 결석, 지각, 조퇴 등을 기재.	
4	수상경력	교내 수상경력 기록. 대회명과 등급, 수상년월일 등을 기재.	
5	자격증 및 인증 취득상황	고등학교 재학 기간 내에 취득한 국가기술 자격증, 국가자격증, 국가공인 자격증을 입력. 자격증 명칭과 취득년월일, 발급기관 등을 기재.	
6	진로희망사항	진로희망과 희망하는 사유를 짧게 입력. 진로희망은 보통 꿈꾸는 직업을 말함.	
7	창의적체험활동상황	자율활동	축제, 수학여행을 비롯한 학교 행사와 학급활동 등을 기재.
		동아리활동	활동한 동아리명과 활동 내역 등 동아리 관련 기재.
		봉사활동	고등학교 재학 중 실시한 봉사활동 내용과 시간, 장소 등을 기재.
		진로활동	교내에서 진행한 진로 프로그램, 심리검사, 특강 진로 관련 활동을 기재. 교육청 진로캠프도 기재가 가능.
8	교과학습발달상황	내신 성적과 과목별 수행평가 등 특기사항을 기재.	
9	독서활동상황	고등학교 재학 중 읽는 책의 서명과 저자를 기재.	
10	행동특성 및 종합의견	학년별 담임 교사가 학생 개인에 대한 특성 및 평가를 기재.	

위의 정리된 표2022 대입개편 : 변경되는 사항은 '왕초보 학부모 · 수험생을 위한 Q&A'의 표와 설명을 참고하라를 본 후, 하나씩 살펴보자.

① 인적사항은 성명, 생년월일, 주소 등을 기재한다. 당연히 학종 평가요소가 아니며 관리할 것이 없다.

② 학적사항은 졸업한 중학교와 현재 다니고 있는 고등학교, 전학을 왔을 경우에 전학 이전에 다녔던 고등학교의 교명과 재학 기간, 졸업일 등을 기재한다. 역시 학종 평가요소가 아니며 관리할 것이 없다2022 대입개편 : 인적사항과 학적사항이 통합된다.

③ 출결상황은 출석 및 결석, 조퇴, 지각을 기재한다. 질병 등 미리 허락을 받은 결석, 조퇴, 지각은 평가에서 감점이 되지 않는다. 문제는 무단 결석, 무단 조퇴, 무단 지각이다. 무단 기록이 없게 해야 하며, 혹 무단이 있을 경우라면 자기소개서를 통해 이를 소명하는 게 좋다.

④ 수상경력은 교내 수상경력을 기록한다. 경시대회 등 교외 수상경력은 기재할 수 없다. 각종 교내대회에 참가해 수상을 하는 건 좋지만, 수상 자체가 학종 평가에서 크게 유의미한 것은 아니다. 수상 실적을 소재로 자기소개서에 녹아내는 게 중요하다2022 대입개편 : 수상하는 것 자체는 상관없으나, 대학교에 제공할 때는 수상 개수에 제한을 둔다. 무분별한 수상경력 쌓기를 막기 위한 조치다.

⑤ 자격증 및 인증취득상황은 고등학교 재학 기간 중 취득한 자격증을 기재한다. 다만 국가기술자격증, 국가자격증, 국가공인자격증만 기록할 수 있다. 자격증이 있어서 나쁠 건 없지만, 없어도 상관없다. 자격증 취득은 학종 평가에서 중요한 요소가 아니다. 오히려 지원할 전공과 관련 없는 자격증이 너무 많으면 번잡해 보일 수 있다2022 대입개편 : 자격증 및 인증취득상황은 대학교 평가요소에서 아예 제외된다.

⑥ 진로희망사항은 장래희망을 적는 칸이다. 보통 희망하는 직업을 적는

다. 1학년, 2학년, 3학년 총 세 번을 기록하는데 이것이 학종전형에 있어서 매우 중요하다. 예를 들어 3년간 진로희망사항이 전력연구원인데 전기공학과나 전자공학과를 지원한다면 큰 메리트가 된다2022 대입개편 : 진로희망사항은 대학 평가요소에서 아예 제외된다.

⑦ 창의적체험활동상황은 다시 〈자율활동〉, 〈동아리활동〉, 〈봉사활동〉, 〈진로활동〉으로 세분된다.

《⑦-자율활동》은 수학여행, 교내 특강, 체육대회, 학교축제, 안전교육, 학급활동 등 참가 및 활동 내용을 기록한다. 그런데 기록하는 내용이 학생 개별로 다르지 않고, 모든 학생에게 거의 일괄적으로 기록하는 것이 대부분 학교의 현황이다.

예를 들어 수학여행에 불참한 학생을 제외한 모든 학생에게 동일한 내용의 수학여행활동이 기록된다. 따라서 〈자율활동〉은 학생이 따로 관리할 사항이 아니며, 학종에서도 그다지 큰 비중을 차지하지 않는다.

《⑦-동아리활동》은 교내에서 참가한 동아리 이름과 활동을 기록한다. 보통은 본인 학교에 개설된 동아리에 참여하나, 자신이 원하는 동아리가 없을 경우에 자율동아리를 신설하기도 한다. 다만 자율동아리를 신설하기 위해서는 충족해야 하는 요건이 있다.

동아리는 자기가 추후 지원할 전공과 연관된 동아리를 선택해야 한다. 굳이 활동을 열심히 해야 할 필요는 없지만, 가입은 반드시 하자. 〈동아리활동〉은 학종 평가에서 주요한 요소가 되며 자기소개서에 쓸 소재로도 좋다.

《⑦-봉사활동》은 봉사활동 내역을 기재한다. 사회복지학과를 지원하지 않는 이상 3년 도합 60~80시간이면 충분하다. 봉사활동은 적게 하더라도 꾸준한 게 좋다. 다양한 기관에서 하기보다는 한 기관을 선택해 주기적으로 활동한 것이 좋은 평가를 받는다. 또 기왕이면 지원할 전공과 관련이 있는 봉사활동이 좋다.

《⑦-진로활동》은 진로와 관련된 교내활동을 기재한다. 학교 진로수업 때 수업한 내용과 발표, 교내 진로 프로그램 참여 내용, 교내 심리검사 결과 등도 기재한다. 교육청에서 진행하는 진로캠프도 참석했다면 기록할 수 있다. 진로활동은 되도록 빠짐없이 참석하는 게 좋다. 그리고 자기가 지원할 전공과 관련된 진로활동을 해야 한다.

⑧ 교과학습발달상황은 내신 성적과 교과목 교사의 의견을 기재한다. 공부를 열심히 해서 내신 성적을 올리는 것은 학종 대비가 아니라도 당연한 사실이다. 교과목 교사 의견의 경우, 해당 교과목의 점수가 높거나 혹은 수업 태도가 좋아서 눈에 띄면 기록해준다. 교과목 수행평가 발표, 보고서 등을 기록해주기도 한다.

교사가 학생으로 하여금, 본인이 수업에 참여한 내용을 써 제출하라고 해서 반영하는 경우도 있다. 결국은 수업에 적극적으로 참여하고 시험을 잘 보는 게 중요하다. 따로 학종 관리의 차원은 아니다.

다만 지원할 전공과 관련된 과목은 다른 과목 성적보다 더 높아야 한다. 수학과를 지원한 학생의 수학 성적이 낮다면 이상할 것이다.

⑨ 독서활동상황은 고등학교 재학 중 읽은 책의 도서명과 저자 이름을

기재한다. 실제로 독서를 많이 하는 학생이라면 읽은 만큼 많이 적으면 된다. 반면, 독서를 자주 하지 않는 보통의 학생이면 많이 적기보다는 지원 전공과 관련된 책 몇 권을 적는 것이 좋다. 읽은 책 제목과 저자 이름만 기록하므로, 책 전부를 꼭 정독하지 않아도 된다. 독서활동은 중요한 평가요소이므로 전략적으로 관리하자.

⑩ 행동특성 및 종합의견은 담임 교사가 적는 종합의견이다. 학년별로 기록된다. 담임 교사가 자기 의견을 기록하므로 학생이 관리할 수는 없다. 담임 교사와 관계가 좋은 학생에게 조금 더 신경을 써줄 수 있다. 그러나 웬만해선 적당히 좋은 말을 써주기 마련이다. 나쁜 말만 없으면 된다2022 대입개편 : 행동특성 및 종합의견의 기재 분량이 최대 1,000자에서 최대 500자로 줄어든다. 종합의견의 비중이 더욱 낮아진다.

학생부 이것만 관리하면 합격한다

학생부의 10개 항목을 모두 살펴봤다. 얼핏 많아 보이지만 정작 준비하고 관리할 것은 적다. ① 인적사항, ② 학적사항, ③ 출결상황은 기본 정보이므로 관리할 항목이 아니다. ⑤ 자격증 및 인증취득상황은 자격증을 기재하는데, 전문계고가 아니라면 딱히 자격증을 취득할 필요는 없다. 이 항목 역시 관리하지 않아도 된다.

⑧ 교과학습발달상황은 사실상 내신 성적이 전부다. 내신 공부를 해야

하는 것은 당연하다. 하던 대로 열심히 공부하면 된다. 굳이 학종이라서 관리할 항목은 아니다. ⑩ 행동특성 및 종합의견은 담임 교사의 의견이다. 담임 교사의 의견을 학생이 관여할 수 없다.

이처럼 ① 인적사항, ② 학적사항, ③ 출결상황, ⑤ 자격증 및 인증취득상황, ⑧ 교과학습발달상황, ⑩ 행동특성 및 종합의견을 제외하니, 남는 것은 네 개 항목뿐이다.

학종을 대비하기 위해 관리할 항목은 ④ 수상경력, ⑥ 진로희망사항, ⑦ 창의적체험활동상황, ⑨ 독서활동상황이 전부다. 따라서 네 개 항목을 중점으로 학생부 관리 방법을 알아볼 것이다2022 대입개편 : ⑥진로희망사항이 사실상 삭제되므로 이를 제외하고, ④수상경력, ⑦창의적체험활동상황, ⑨독서활동상황 세 항목을 중점으로 관리하면 된다.

대학은 3가지만 본다

대학은 학생부종합전형의 학생부에서 무엇을 평가하는 것일까? 다시 말해 대학의 학생부 평가 기준은 무엇일까?

대학마다 나름의 평가 기준을 제시하는데, 그 명칭이 다를 뿐 다음 셋이 사실상 모든 대학의 평가의 전부다. '성실성', '일관성', '축적성'이다.

성실성	일관성	축적성

따라서 이 셋을 어떻게 학생부에 담을까가 학생부 관리의 핵심이다. 앞에서 이미 학생부 10개 항목 중 관리해야 할 항목을 4개로 축소했다. 이 4개 항목에 성실성, 일관성, 축적성만 담으면 된다. 그것이 학교생활기록부 관리의 전부다.

간단히 말해 성실성은 말 그대로 학생이 성실하고 꾸준한지를 평가한다. 출석과 성적 등을 통해 성실성을 알 수 있다. 일관성은 한 전공을 일관되게 준비했는지를 평가한다.

예를 들어 선택과목일반선택, 진로선택이 지원 전공과 일치한다면 일관성을 확인할 수 있다. 축적성은 지원 전공과 관련해 얼마나 노력하고 준비했느냐를 본다. 동아리활동 등 전공과 관련된 교내활동이 많을수록 축적성이 높다. 성실성, 일관성, 축적성이 무엇이고 이를 학생부 4개 항목에 어떻게 담을 것인지 구체적인 방법은 차차 알아보자.

늦게 시작해도 충분히 가능하다

리셋 증후군이라는 용어가 있다. 컴퓨터나 휴대폰에 오류가 발생하면 종료 버튼을 눌러 리셋하듯이 현실의 삶도 리셋하고 싶어 하는 증상을 가리킨다. 학종을 비롯한 수시를 준비하는 학생들이 호소하는 것도 리셋 증후군과 비슷하다.

다들 1학년, 2학년 때 내신 성적을 리셋하고 싶고 1학년, 2학년 때 학생부 이력을 리셋하고 싶어 한다. 그래서 정시로 뽑는 인원이 무척 축소됐음에도 불구하고, 수시 지원 자체를 포기한 채 정시에만 몰입한다. 정시는 고등학교 3년간의 기록과 무관하게, 수능 당일 성적만 좋으면 되기 때문이다.

학종을 준비할수록 아쉬움이 드는 건 사실이다. '조금만 더 일찍 학종을 시작했더라면', 후회도 든다. 그렇지만 이미 지나간 일을 어떻게 할 것인가. 아쉬움이 든다고 해서 아예 기회 자체를 포기한다면, 그만큼 어리석은 일이 없다. 나중엔 기회를 포기한 것을 또 후회하게 될 것이다.

대부분의 학생들이 학종 준비를 늦게 시작한다. 그래서 대부분의 학생들이 일찍 시작하지 못한 것을 후회한다는 사실을 생각하자. 나만 늦은 게 아니고, 나만 후회하는 게 아니다. 일부 소수의 학생만 제외한다면 실은 동점에서 출발하는 셈이다.

학종 준비를 시작하기 전에 우선 리셋 증후군과 같은 태도를 버리자. 지금이라도 학종을 알고, 이 책을 만났다면 됐다. 늦게 시작해도 충분히 좋은 결과를 얻을 수 있다.

자신감은 자기 신뢰다

버려야 할 것이 리셋 증후군이라면, 길러야 할 것은 '근자감'이다. '근자감'은 '근거 없는 자신감'을 줄인 은어다. 남들이 보기엔 가능성이 없어 보이는데 자신감을 가진 경우를 가리키는 표현이다.

학종을 시작하는 학생들이 은근히 걱정하는 것 중 하나가 주위의 시선이다. 특히 친구와 담임 선생님의 눈치를 많이 본다. 본인 성적대로라면 지방대를 지원하는 게 보통인데, 인서울 대학에 지원하니 괜히 눈치를 보는 것이다. 실제로 학종을 준비하는 학생 다수가 교사로부터 "너가?"라는 반응을 듣는다.

그러나 친구와 교사의 눈치나 민망함은 아주 잠깐이다. 자신감은 학종을 준비하는 데 꼭 필요한 마음가짐이다. 실제로 부모의 의뢰가 아닌 자의로 학종을 대비하는 학생들은 대체로 자신감을 지녔다는 게 특징이다. 합격할 수 있다는 자신감이 있어야 학종 준비도 수월하다.

자신감이 없으면 자기소개서 내용도 힘이 떨어진다. 자신감은 자기 신뢰다. 자기 신뢰가 없는데 자기소개서에 신뢰가 담길 리 없다. 스스로 자신이 없으니 자기소개서에서의 자기 어필도 어수룩하다.

그래서 학종을 준비할 때 꼭 필요한 것이 우선 자신감이다. 근자감처럼 보여도 좋다. 이 근자감 같아 보이는 자신감이 대학 합격을 이끈다.

자기소개서는 미리 쭉 읽어보자

자기소개서는 총 3~4문항으로 구성된다. 한국대학교육협의회가 만든 공통문항을 각 대학이 수용하므로, 자기소개서 문항의 양식은 모든 대학이 사실상 동일하다고 할 수 있다. 따라서 고3은 물론, 아직 고2, 고1이라도 자기소개서 문항을 미리 한번 훑어보는 게 좋다.

왜냐하면 자기소개서는 학생부를 토대로 쓴다. 그러므로 자기소개서 문항을 미리 읽어보면 내가 앞으로 학생부에서 무엇을 더 담아야 추후 자기소개서를 쓰기 수월할 것인지, 스스로 느껴지기 마련이다. 자기소개서 문항을 미리 읽어봐야 학생부를 어떻게 설계해야 할지 스스로 감이 오는 것이다. 자기소개서 문항을 일찍 읽어보자.

■ chapter 4 ■

성실성 있는 학생부

성실성은 이것이다

대학은 지원자가 얼마나 성실한지를 평가한다. 대학은 학생부를 통해 지원자가 성실한지 아닌지 어떻게 알 수 있을까?

첫째, 내신 성적이다. 아무래도 학교 성적이 높은 학생이 성실하게 느껴진다. 내신 성적이 높다는 것은 그만큼 수업을 경청하고 열심히 자습하고 복습했다는 뜻이다. 그래서 우선 성적을 본다.

둘째, 출결상황이다. 무단결석이 기록됐다면 성실성을 인정받기는 쉽지 않다. 성적은 어느 정도 적성과 능력의 문제일 수 있으나, 출결에 무단이 있다면 타당한 이유를 제시하지 않는 이상, 대학은 그 학생을 성실하지 않다고 평가할 것이다.

셋째, 봉사활동이다. 봉사활동을 꾸준히 실천했다면 성실한 것으로 평가받을 수 있다. 이외에도 행동특성 및 종합의견에서 담임 교사의 의견 등을 참고한다. 그러나 이중 가장 중요한 것은 역시 내신 성적이다. 나머지는 부수적이다.

이상의 세 항목을 통해 대학은 학생의 성실성을 평가한다. 우리도 사람을 평가할 때, 능력만 뛰어난 사람보다는 능력은 평범해도 성실한 사람에게 더 인간적 매력을 느낀다. 대학도 마찬가지다. 대학 입학 후에도 성실하게 공부할 학생을 대학은 원한다. 그리고 고등학교 생활에 성실한 학생일수록 대학 생활도 성실할 가능성이 높다.

성실성	내신 성적(평균)
	출결상황
	봉사활동

성적은 한 지표일 뿐이다

내신이 3등급이면 원래는 서울권 대학은 지원 자체가 불가능한 수준이다. 그러나 학종을 잘 준비했다면 서강대, 한양대도 충분히 합격할 수 있다.

그러나 기적도 한계가 있다. 학종을 아무리 잘 준비했더라도 내신이 3

등급 밑으로 내려가면 서강대, 한양대 라인은 사실상 어려워진다. 대학은 우선 지원한 학생의 내신을 본다. 그 점에서 내신 성적이 중요하다.

그래도 3등급으로 서강대, 한양대를 가는 것은 놀라운 일이다. 그리고 3등급 밑 학생도 얼마든지 다른 서울권 대학에 도전할 수 있다. 왜냐하면 내신 성적은 성실성을 평가하는 중대한 요소이지만, 대학의 평가 기준은 성실성 외에도 일관성과 축적성이 있다. 내신 역시 여러 평가 기준 중 하나일 뿐이다.

실례로 한 학생은 내신 성적이 4등급이고 봉사활동도 60시간에 못 미쳤다. 성실성에서는 좋은 점수를 받지 못했지만, 서울 중상위권 대학 여러 곳에 합격했다. 성실성은 부족하지만, 일관성과 축적성에서 두각을 드러낸 경우다.

높은 성적보다는 상승 곡선 스토리가 빛난다

성적 관리는 어떻게 해야 할까?

당연히 고등학교 3년 내내 전 과목 점수가 모두 높은 게 제일 이상적이다. 그러나 그래야 좋다는 것은 누구나 알지만, 누구나 그렇지 못하는 게 사람의 일이다. 지금까지 성적이 낮았다면 낙담하지 말고, 성적을 지금보다 아주 조금이라도 올리는 데 노력하자.

두 경우를 비교해보자.

A학생은 고1 때 평균 4등급이었는데 2학년 때 3.5등급, 3학년 때 3등급으로 조금씩 꾸준히 향상했다. 반면 B학생은 1, 2, 3학년 내내 일정하게 3.5등급을 유지했다. 두 사람의 평균 성적은 비슷하지만 학종에서는 B보다 A가 더 높은 평가를 받기 유리하다. 학종은 학년 종합 평균 성적보다 점차 오르는 상승 곡선을 더 중요하게 여긴다.

대학에서는 성적이 계속 일정한 B보다는 A의 발전 가능성을 더 높게 평가할 수 있다. 점차 성장하는 모습에서 성실성과 가능성을 볼 것이다. 또한 성적이 점차 올랐기 때문에 이를 가지고 자기소개서에 좋은 스토리를 만들어낼 수 있다.

반면 고1 때 3등급이었는데 고2 때 3.5등급, 고3 때 4등급인 C학생이 있다. C학생은 A, B와 평균은 비슷하지만 학종에서는 가장 낮은 평가를 받게 된다. 그러면 현재 본인이 고3인데, 고2 때 성적이 고1 때보다 낮다면 어떻게 해야 할까?

답은 간단한다. 고3 때 성적을 더 올리자. "마무리가 전부다."라는 말이 있다. 이 말은 학종에도 일면 적용된다.

출결상황도 스토리가 될 수 있다

출결상황은 깨끗해야 한다. 아마 대부분의 학생들이 깨끗할 것이다. 출결이 깨끗하다는 건 무단 결석, 무단 지각, 무단 조퇴가 없다는 뜻이다. 출결상황이 깨끗하다고 플러스가 되지는 않는다. 그러나 출결이 나쁘면, 꽤 마이너스가 된다. 무단 결석이 있는 학생은 불성실한 것으로 여겨지기 쉽다. 물론 병가 등 사전에 허락을 받은 보통의 결석, 조퇴 등은 예외다.

혹 출결에 무단이 있다면, 자기소개서에서 이를 적극 소명해야 한다. 다시 말해 무단 기록을 '스토리화' 해야 한다. 무단이 있다면 나름의 사연이 있기 마련이다. 이 사연을 충분히 설명해 대학을 설득해야 한다. 오히려 잘 설득한다면, 이것이 스토리가 돼 장점으로 적용될 수 있다.

예를 들어 A학생이 있다. A는 2학년 때 성적이 유독 낮은데 그해에 무단 결석까지 있다. 왜냐하면 그해에 부모님이 이혼을 했기 때문이다. 그래서 학교와 공부에 대한 회의를 느껴서 학업을 소홀히 했고, 심지어 학교에도 무단으로 빠졌다. 이러한 사연을 자기소개서에 소개한다면, 이를 가지고 나무라할 대학 평가관은 드물 것이다.

봉사활동은 더도 덜도 말고 남들만큼만

십여 년 전만 해도 고등학교 3년간 봉사활동을 몇 백 시간을 쌓아서 대학에 가는 사례가 제법 있었다. 고등학생이 매년 100시간 이상 봉사를 하기는 쉬운 일이 아니다. 실은 부모가 봉사를 하고는 자식 명의로 증빙서류를 떼는 경우가 있었다. 그러나 지금은 그렇게 해서는 대학을 못

간다. 봉사활동을 많이 해서 대학을 가는 시대는 진즉 지났다. 봉사활동의 중요성이 그만큼 줄어들었다.

봉사활동은 남들만큼만 하면 된다. 3년 도합 60~80시간 정도면 족하다. 어차피 그중 절반 가까이는 학교에서 여러 명목으로 채워준다. 실제로 자기가 해야 하는 봉사활동은 더 적다.

지금 고3인데 봉사활동 시간이 남들보다 적다면 굳이 고3이 돼서 기준 시간을 채우려 하지는 말자. 봉사활동 시간이 제법 있다면 좋겠지만, 봉사 시간이 적어도 크게 상관은 없다. 그 시간에 공부해서 고3 1학기 마지막 성적을 조금이라도 향상시키자.

현재 고1, 고2라서 조금 욕심을 낸다면 시간을 많이 채우기보다는 장소를 특이한 곳에서 하자. 그것도 자기가 앞으로 지원할 전공과 관련된 곳에서 봉사활동을 한다면 더 좋다.

예를 들어 문헌정보학과를 지원할 학생이라면 도서관에서, 사범대를 지원한다면 교육봉사가 적합하다. 또 그렇게 한 곳을 정해 꾸준히 한다면 봉사활동에서 플러스를 얻을 수 있다.

뻔한 건 대학도 다 안다

성실성을 판단하기 위해서 학생부의 교과학습발달상황, 행동특성 및 종합의견의 교사 의견을 대학이 참고하기도 한다. 그래서 다른 학종 책의 경우, 교과학습발달상황에 이러한 내용을 추가해달라고 보고서를 작성해 담당 교사에게 제출하라고 권하기도 한다.

그러나 이렇게 혼자 보고서를 작성해 담당 교사에게 제출하는 일이 현실적으로 쉽지 않다. 교과 공부나 열심히 하라고 핀잔 받지 않으면 다행이다. 교과학습발달상황은 웬만해서 다 뻔히 좋은 말들을 써준다. 이것은 대학교 평가관도 잘 안다. 그러므로 그렇게 비중 있게 읽지 않는다. 학생부 교사 의견 칸에 일희일비하지 않아도 되는 이유다.

정리하자면, 성실성을 키우기 위해 해야 할 것은 다음과 같다.

- 조금이라도 성적을 올릴 것(상승 곡선이 중요하다).
- 출결을 깨끗이 할 것.
- 봉사활동은 봉사 시간에 연연하기보다는 전공과 관련된 곳에서 채울 것(고3이라 늦었다면 그냥 둬도 괜찮다).

■ chapter 5 ■

일관성 있는 학생부

일관성은 이것이다

'난잡한 학생부'와 '다양한 학생부'는 다르다. 둘 다 무언가 많다는 것은 같다. 여기에 일정한 기준이 없으면 난잡함이고, 일정한 기준 아래 정렬되면 다양함이다. 여기서 일정한 기준이 바로 일관성이다. 쉽게 말해 학생부는 일관되게 한쪽을 가리키는 게 좋다. 예컨대 경제학과를 지원한 학생의 학생부는 "이 학생은 경제학도가 어울리겠구나."라는 느낌을 줄 수 있도록 해야 한다.

경제학과를 지원한 학생이 있다고 하자.

A학생은 사회영역과 수학영역 성적이 뛰어나고 독서기록도 주로 경제 관련 분야로 채웠다. 그런데 정작 진로희망사항이 '제품 디자이너'라면

일관성이 없다2022 대입개편 : 진로희망사항이 대학교 평가 자료로 제공되지 않으므로, 이제 진로희망사항은 관리할 필요가 없다.

반대로 B학생은 진로희망사항은 '경제학자'이고 책도 경제 분야를 읽었는데, 경제학 공부에 중요한 사회와 수학 성적이 다른 과목보다 낮다. 역시 일관성이 없다.

일관성이 없으면 학종 평가에서 불리한 점수를 받는다. 물론 일찍부터 학종을 대비하지 않는 이상, 완벽하게 일관성 있는 학생부는 드물다.

현재 고3인데 자기 학생부가 다소 일관성 없이 난잡한 것 같다면, 이 책에서 제시하는 4가지에 신경 쓰자. 그리고 나머지는 자기소개서를 통해 보완하자. 자기소개서를 어떻게 쓰느냐에 따라 난잡함이 다양함으로 변신하기도 한다.

그렇다면 학생부의 어떤 항목에서 일관성을 볼까?

첫째, 진로희망사항이다. 각 학년별 진로희망을 적는데, 이것이 일관적이라면 높은 평가를 받는다.

둘째, 창의적체험활동상황 중 진로활동이다. 진로활동의 내용이 한 직업, 혹은 한 전공을 지향하고 있다면 일관적이다.

셋째, 독서활동상황이다. 지원 전공과 관련된 책을 꾸준히 읽었다면 역시 일관적이다.

넷째, 내신 성적이다. 학종은 평균 성적도 중요하지만, 특정 과목의 성적이 중요하다. 공학계열을 지원하는 학생은 다른 과목보다 수학과 과학 성적이 높아야 하고, 어문계열을 지원하는 학생은 국어 혹은 영어 성적이 자기 평균보다 높아야 한다.

다섯째, 선택과목이다. 올해부터는 모든 학생이 고1 때 공통과목을 수강한 후, 고2 때 일반선택, 고3 때 진로선택과목을 수강한다. 이때 일반선택과 진로선택과목이 자기가 지원할 전공과 접점이 있다면 일관적이다.

이상 5가지가 일관성의 전부다. 구체적인 방법을 살펴보자.

일관성	진로희망사항
	창의적체험활동상황(진로활동)
	독서활동상황
	내신 성적(전공 관련 과목)
	선택과목

지원 전공은 빨리 정할수록 좋다

학생부가 일관성이 있어야 한다는 것은 다른 말로, 학생부를 설계해야 한다는 뜻이다. 설계도 없이 건물을 지을 수 없다. 설계 없이 자재를 쌓아 올리면 건물이 아니라 흉물이다.

마찬가지로 그저 교사가 써주는 대로 맡기고, 그냥 교내 지정도서를 독서활동상황에 그대로 기록하면 좋은 학생부가 못 된다. 내가 학생부를 설계한다는 자세를 지녀야 한다.

건물을 몇 층으로 지을 것인지, 어떤 용도로 쓸 것인지를 우선 정해야 하는 것처럼, 학생부 관리도 우선 나의 전공을 정해야 한다. 미래의 직업까지 확정해야 하는 것은 아니나, 어떤 학과를 진학할지는 결정해야 한다. 그것에 맞도록 학생부를 짜는 게 바로 일관성이다.

그런데 만일 고3이라면 선택의 폭이 좁다. 이미 고1, 고2 때 쓴 진로희망사항이 있을 것이다. 그것과의 관계를 고려해야 한다. 고1, 고2 때 진로희망사항과 고3 때 진로희망사항이 너무 다르면 일관성이 없다.

기왕이면 고1, 고2 때 진로희망사항을 그대로 가져가는 게 좋다. 꼭 바꿔야겠다면 고1, 고2 때 진로희망사항과 유사해야 한다.

예를 들어 A학생은 고1, 고2 때 진로희망사항이 아나운서다. 이 학생은 전공을 기자로 바꾸는 건 괜찮다. 유사한 지점이 있기 때문이다. 그리고 꿈이 바뀐 이유를 자기소개서에 쓰면 된다.

진로희망사항, 전략적으로 점점 좁혀라

진로희망사항은 무척 중요하다2022 대입개편 : 진로희망사항이 대학교 평가 자료로 제공되지 않으므로, 이제 진로희망사항은 관리할 필요가 없다. 3학년 진로희망사항과 불일치한 전공을 학종으로 지원하면 합격하기 어렵다.

물론 진로희망과 전공이 단순하게 그대로 일치해야만 하는 것은 아니다. 예를 들어 철학과를 지원한 학생의 진로희망이, 반드시 철학과 교수나 윤리 교사일 필요는 없다. 얼핏 멀어 보이는 광고기획자가 진로희망이라도 자기소개서를 통해 철학과와의 연관성을 밝혀내면 된다. 오히려 철학과 교수와 같은 뻔해 보이는 진로희망보다는 후자가 더 매력적일지도 모른다.

고3은 진로희망사항을 2, 3학년과 일정하게 쓰거나 혹은 점점 좁혀가는 게 바람직하다. 예를 들어 1, 2학년 진로희망사항이 교사라면 조금 포괄적이다. 3학년 때는 수학 교사, 영어 교사와 같이 더 구체적인 진로를 적어야 한다. 진로희망사항이 작가라면 이것 역시 덜 구체적이다. 더 좁혀서 드라마 작가, 방송 작가, 소설가를 적자.

창의적체험활동 항목 중 진로활동이 있다. 학교마다 차이가 있는데 보통 적성심리검사, 진로 특강, 전공탐색활동, 진로희망 발표대회, 자기소개서 쓰기대회 등을 진행한다.

이러한 진로 관련 행사들은 꼭 참석하자. 진로활동 칸에 참석했다는 기록을 남겨야 한다. 단지 참가 사실뿐만이 아니다. 무슨 직업을 발표했는지, 심리검사 결과 나온 추천 직업이 무엇인지 등 생각보다 세부적인 내용까지 학생부에 기록해주는 경우도 있다. 이런 것들이 있으면 일관성에 보탬이 된다.

또 간혹 교육청에서 진로캠프나 직업체험 행사를 진행하기도 하는데, 이 행사들도 참여한다면 좋다. 교육청에서 주관하는 행사는 학생부에 기록이 가능하다. 또 나중에 자기소개서에 쓸 수 있는 좋은 소재가 된다. 진로활동은 큰 수고를 필요로 하지는 않는다. 또 굳이 열심히 활동하지 않아도 괜찮다. 그러나 참여 기록만 있다면 일관성을 보여줄 수 있는 강력한 소재가 된다.

평균 성적, 낮아도 괜찮다

학종 평가에 있어서 내신의 평균 성적만큼, 혹은 그 이상으로 중요한 것이 지원한 학과와 연관 있는 과목의 성적이다. 국영수사과 모든 과목이 골고루 3등급인 학생보다는 다른 과목은 4등급이라도 영어는 1등급인 학생이 영어영문학과 합격에 유리하다.

마찬가지로 자연계열과 공학계열을 지원하는 학생이라면 수학과 과학 성적이 다른 과목보다 주요하게 평가된다.

고등학교까지는 모든 학문 분야를 얕게 두루 공부하지만, 대학부터는 전공 과목 하나를 깊이 공부한다. 그러니 아무래도 영문학과 교수라면 지원한 학생을 평가할 때, 비록 다른 과목 성적은 낮더라도 영어 성적이 높은 학생을 선호할 것이다. 화학공학과는 국어 성적이 많이 낮아도, 수학과 화학 성적이 높은 학생이라면 역시 선호할 것이다.

따라서 모든 과목을 다 열심히 해야 하는 것은 당연하나, 특히 학종으로 지원하고자 하는 전공과 관련된 과목을 유념해 공부해야 한다. 지금

고3이라면 특히 지원할 전공과 관련된 과목만큼은 꼭 성적을 올려놓도록 하자.

실제로 학종 합격자들은 평균 성적보다 전공 관련된 과목의 성적이 높다. 반대로 평균 성적보다 전공 관련 과목의 성적이 낮은데, 합격하는 경우는 무척 드물다.

독서가 아니라, 독서기록으로 승부한다

진로희망사항은 딱히 힘들이는 일이 아님에도, 지원 전공과 일치한다면 큰 스펙이 된다. 독서활동상황도 마찬가지다. 독서활동상황에는 도서명과 저자 성명만을 기재한다물론 학교에 따라 독후감 등을 요구하기도 하지만 학생부에는 올라가지 않다.

독서활동상황은 이처럼 큰 수고를 필요로 하지 않지만, 학종 준비에 무척 중요하다. 자기가 지원할 전공과 관련된 책들을 읽은 기록이 있다면 전공과 일관성이 있는 것으로 여겨진다.

책은 몇 권 정도 기록하는 게 좋을까?

정해진 답은 없지만 대략적인 기준은 제시해볼 수 있다. 독서활동상황은 매 학기 기록하는데, 학기마다 전공 분야 책을 약 5~7권 정도 기재하는 게 좋다. 그러면 대략 한 달에 한 권을 읽은 셈이다. 여기에 더해 전공 외 분야 책을 한두 권 더 기재하는 것도 괜찮다.

이렇게 적당한 수치를 제시하는 것은 너무 과욕을 부려 많은 책을 기재할 시, 학교생활에 충실하지 못한 것으로 여겨질 수 있고, 혹은 면접 때 많은 독서량에 비례해 그만큼 높은 수준을 요구하는 질문을 할 수도 있기 때문이다. 심지어 기록의 진의를 의심받을 수도 있다국어국문학과, 문예창작학과 등 독서가 중요한 일부 학과는 제외다.

또 주의할 것은 책의 수준이다. 종종 대학교 전공서적이나 그에 준하는 높은 수준의 도서를 기록하는 경우가 있다. 실제로 학생 본인이 그 책을 정독했고 그 정도의 수준을 갖췄다면 문제가 없지만, 그렇지 않고서 괜히 과욕을 부리는 것은 지양해야 한다. 그럴 경우 독서의 깊이만큼의 수준을 면접 때 기대할 것이며, 기대에 못 미칠 경우 악효과가 난다.

그보다는 전공과 관련된 교양 수준의 책을 읽자. 청소년 권장도서 수준이면 충분하다.

독서활동상황은 무척 중요하다. 그런데 한 가지 짚고 넘어갈 게 있다. 우리에게 필요한 것은 '독서'가 아니라 '독서기록'이다. 독서기록을 올리기 위해서 학교 공부를 소홀히 한 채 책만 줄기차게 읽을 수 없다.

책을 굳이 정독해야만 하는 것은 아니다. 편법이기는 하지만, 책을 가볍게 쭉 읽거나 몇 파트만 골라서 봐도 된다. 물론 실제 독서 여부를 판단하기 위한 질문을 면접 때 묻는다. 그러나 지금 읽는다고 해서 면접 때 그 내용이 다 기억나는 것은 결코 아니다. 그러니 일단 독서활동상황에 기재하되 실제 독서는 면접을 앞두고 공부하면 된다.

선택과목, 지원 전공을 고려하라

선택과목에 대해서는 학생들이 모두 잘 알고 있다. 고1 때는 공통과목을 수강하고, 고2와 고3 때는 각각 일반선택과 진로선택을 학생 각자의 의사대로 결정해서 선택한다.

물론 선택의 폭은 그리 넓지 않다. 선택할 수 있는 과목의 범위가 이미 정해져 있으며, 게다가 학교별로 사정에 따라 선택과목이 개설되지 않아서, 아예 선택할 수 없는 과목도 있다.

선택과목을 고르는 기준은 크게 두 가지다.

첫째, 수능에 출제되는 과목을 선택해야 한다. 주지하듯이, 수시학생부종합전형가 중요하다고 해서 정시수능를 아예 배제해서는 안 된다. 둘을 함께 준비해야 한다. 따라서 내신 공부 및 수시 대비가 곧 수능 대비로 이어질 수 있도록, 학교에서 배울 선택과목과 수능에서 출제되는 과목을 일치시켜야 한다.

둘째, 지원 전공과 연관된 과목을 선택해야 한다. 예컨대 지리학과를 희망하는 학생이라면 일반선택에서 한국지리와 세계지리, 지구과학1을, 진로선택에서 여행지리를 선택하면 좋을 것이다.

문제는 내가 듣고 싶은 과목이 학교에 개설되지 않은 경우다. 이때는 공동교육 과정교육 과정 클러스터을 이용할 수 있다. 공동교육 과정이란 간단히 말해 내가 원하는 과목이 자신의 학교에 없을 경우, 다른 학교에서 다른 학교 학생들과 함께 그 과목을 수강하는 것이다.

지리학과를 지원하는 학생인데, 여행지리 과목이 자기 학교에 개설이 되어 있지 않다. 그럼에도 수고를 들여 공동교육 과정을 통해 다른 학교에 가서 그 과목을 수강했다면, 일관성을 평가하는 데 있어서 큰 메리트가 될 것이다.

다만 공동교육 과정을 이용하기에는 현실적인 번거로움이 있으므로 잘 생각해야 한다. 일관성을 줄 수 있으므로 권장하나, 학업이나 기타 학교생활에 방해가 될 정도라면 굳이 하지 않는 편이 나을 것이다.

한 우물만 파면 결국 이긴다

학생부의 기록은 일관성이 있어야 한다. 일관성을 보여주기는 어렵지 않다. 진로희망사항과 독서활동상황만큼은 지원할 학과 전공과 일치시키자. 이 둘은 별다른 노력을 들이지 않고도 할 수 있다.

그러나 이만큼 학종에서 '나'를 어필할 수 있는 항목도 드물다. 특히 고3이라면 진로희망사항을 지원할 전공과 일치시키되 1, 2학년과 크게 다르지 않도록 하자.

독서활동상황의 경우, 고3 한 학기라도 전공과 관련된 책을 기재하자. 다만 과욕은 금물이니 실제로 자기가 독서광이 아닌 이상 7권 이하로 한정하자.

정리하자면, 일관성을 키우기 위해 해야 할 것은 다음과 같다.

- 전공과 관련된 성적을 특히 올릴 것.
- 진로희망사항을 전공과 일치시킬 것.
- 독서활동상황은 전공과 관련된 책을 매 학기 5~7권 기재할 것(단, 실제 자기 수준을 초과하는 책은 역효과가 날 수 있다).
- 전공과 관련된 과목을 선택할 것.

■ chapter 6 ■

축적성 있는 학생부

축적성은 이것이다

성실성, 일관성, 축적성은 학생부의 3박자다. 그중 일관성이 뼈대라면 축적성은 살이다. 일관성이라는 뼈대 위에 축적성이라는 살을 차곡차곡 쌓아야 한다.

축적성이란 말 그대로 축적하는 것인데, 간단히 말해 스펙을 축적하는 것이다. 다른 말로 '스펙 쌓기'다. 물론 교외 스펙이 아닌 교내 스펙이다. 특히 전공과 연관된 교내 스펙이다. 예를 들어 교내 신문반활동이 우수해도 정작 지원한 전공이 화학공학과라면, 크게 유효한 스펙이 되기 힘들다.

학생부가 일관적이라도 무언가 축적된 것이 없으면 부족하다. 의지는 강하지만 정작 실력이 그에 미치지 못하는 것과 같다. 일관성으로 전공에 대한 의지를 보여주고, 축적성으로 전공에 대한 능력 및 발전 가능성을 보여줘야 한다. 여기에 성실성을 더해준다면 금상첨화다.

학생부의 어떤 항목에서 축적성을 쌓을 수 있을까?

첫째, 수상경력이다. 특히 전공과 관련된 교내 수상경력이 있다면 큰 메리트가 된다.

둘째, 동아리활동이다. 역시 전공과 관련된 동아리일 때 메리트가 된다.

셋째, 교과수업 시간에 실시하는 수행평가다. 학교마다 다르지만 수업 시간에 수행평가로 보고서 숙제를 내준다. 이때 보고서 주제를 학생부 교과학습발달상황에 기록해주기도 하는데, 이 또한 전공과 관련이 있다면 도움이 된다. 그 외에 몇몇 교내 행사 참가 등이 도움이 될 수 있다.

자세한 것은 살펴보겠지만, 그 전에 확실히 해야 할 것이 있다. 스펙은 스펙 자체로는 큰 의미를 지니지 않는다. 스펙이 필요한 것은 결국 자기소개서에 쓰기 위해서다. 스펙이 자기소개서의 좋은 재료이기 때문에 스펙이 필요하다.

스펙을 자기소개서에 충분히 녹여내지 못하면 의미가 없다. 달리 말하면, 별 스펙이 없더라도 자기소개서를 잘 쓸 수 있다면 충분히 이를 보완 내지 역전할 수 있다는 뜻이다.

축적성	수상경력
	창의적체험활동(동아리활동)
	교과학습발달상황(교과별 세부능력특기사항)
	창의적체험활동(자율활동)

자격증, 시간 낭비다

학생부 항목 중 자격증 및 인증취득상황이 있다. 흔히 스펙이라고 하니 자격증을 먼저 떠올리기 쉽다. 그러나 자격증은 축적성의 스펙에 해당되지 않는다. 국가기술, 국가공인 등에 한해 고등학교 재학 중 취득한 일부 자격증을 학생부에 기록할 수 있는 건 맞지만, 학종에서 중요한 요소는 아니다.

사실상 전문계고 학생이 아닌 이상 자격증은 필요 없다. 굳이 자격증을 따기 위해 시간을 낭비할 필요 없다. 괜한 자격증들이 있으면 오히려 학교생활보다는 외부활동에 충실한 것으로 여겨질 수도 있다. 자격증은 신경 쓰지 말자2022 대입개편 : 자격증 및 인증취득상황이 아예 대학교 평가 자료로 제공되지 않으므로, 아무런 의미가 없게 되었다.

실제로 서울 주요 대학 합격자 중에 취득한 자격증이 있는 학생은 찾아보기 어렵다. 취득한 자격증이 있는 경우도 그 자격증이 메리트가 돼서 합격한 게 결코 아니다. 인문계열의 경우 취득하려고 해도 전공과 관련된 자격증 자체가 거의 없다. 이공계열도 고등학생 수준에서 취득 가능한 자격증은 많지 않다. 또 많은 시간이 든다. 자격증 취득 공부에 시간을 낭비하는 것보다는 내신 공부에 힘쓰는 것이 현명하다.

수상보다 멋진 좌절을 높게 평가한다

학생부 항목 중 수상경력이 있다. 교외가 아닌 교내 수상만 기재가 가능하다. 분명 진학하려는 전공과 관련된 상을 받으면 득이 된다. 그런데 수상은 받고 싶다고 받을 수 있는 것이 아니다. 그래도 성적은 노력하면 조금은 오르기 마련이지만, 상은 노력한다고 다 되지 않는다.

수상경력 역시 자기소개서에 활용하기 좋은 소재일 뿐, 절대적 요소는 아니다. 학종의 특징은 성공만을 평가하지 않는다는 것이다. 학종은 실패 또한 귀중한 경험으로 평가한다. 그래서 수상이 학종의 필수가 아니다.

단, 교내대회에 도전하고 참가하는 것은 권장할 만하다. 물론 최선을 다하지 않아도 된다. 중요한 것은 '참가' 그 자체다. 왜냐하면 도전했지만 좌절한 이야기를 소재로 자기소개서에 쓸 수 있다.

기억하자. 학종은 '평범한 성공'보다 '멋진 좌절'을 높게 평가한다. 그리고 그 '평범한'과 '멋진'을 결정하는 것은 자기소개서다.

예를 들어 최우수상을 수상한 학생 A와 장려상을 수상한 학생 B가 있다고 하자. A는 수상까지 노력한 과정과 배운 점을 틀에 박힌 듯 평범하게 적었고, B는 장려상이지만 노력한 과정과 배운 점을 자기소개서에 지원 전공과 연결해서 인상 깊게 서술했다. 그러면 대학은 A보다 B에게서 더 매력을 느낄 공산이 크다는 것이다.

교내 행사 빠지지만 마라

축적성의 핵심은 '교내 스펙'이다. 이것은 교외가 아닌 '교내' 스펙이 중요하다는 뜻이다. 학종에서는 교외 스펙은 평가하지 않기 때문이다. 또 이는 '스펙' 자체가 중요하다는 뜻이다. 특강 등 교내 행사를 참여했을 때, 그 행사에 대한 나의 소감이나 구체적인 행동까지 모두 학생부에 기록되는 것은 아니다. 학생부의 기재된 사항은 일종의 간략한 사실 증명일 뿐이다.

따라서 행사에 참여해 기록을 남기는 게 중요하지, 그 행사에 실제로 얼마나 열심히 참여했는지는 중요하지 않다. 기록만 남겨 놓으면 이후, 그 기록을 토대로 당시의 내용과 내 소감을 멋지게 자기소개서에 서술할 수 있다.

학생부는 그 자체로 큰 의미를 지닌다기보다는 자기소개서에 활용할 재료에 가깝다. 학생부 관리는 재료를 구하는 정도면 충분하다. 그러니 교내 행사는 빠지지만 않는 것에 중점을 두자. 되도록 참여해서 학생부에 기록을 남기되, 굳이 최선을 다할 필요는 없다는 뜻이다.

예를 들어 교육청 진로캠프에 참여한 학생 A와 B가 있다. A는 지각 한 번 없었고, 담당 강사에게 질문도 많이 하고, 보고서도 남들보다 많이 쓰는 등 캠프에 적극적으로 참여했다. 반면 B는 설렁설렁 참여했지만 그래도 빠지진 않았다.

그러나 대부분 A나 B나 똑같은 서술을 써준다. 담당자가 조금 더 신경을 써준다면야 B보다는 A에게 학생부에 더 좋은 서술을 쓸 수 있게 도와줄 것이다. 그렇더라도 B가 캠프 참가에 대해 자기소개서에 내용을 더 잘 쓴다면, 최종적으로 학종 평가에서는 B가 더 좋은 점수를 받게 되어 있다.

동아리 선택이 중요하다

동아리활동은 창의적체험활동상황 중 동아리활동 칸에 기록된다. 동아리활동은 최선을 다해야 하는 것은 아니지만 가입 및 참여는 꼭 해야 한다.

요즘은 제법 동아리 종류가 다양해졌다. 게다가 자율동아리 제도가 도입돼, 자기가 직접 동아리를 창설할 수도 있다. 학교마다 기준이 다르지만, 대체로 몇 명 이상의 동아리 회원만 모집하면 새 동아리를 만들 수 있다.

동아리는 보통 학년마다 하나씩 참여하는데, 이때 단순히 흥미 위주가 아닌, 지원할 전공과 유사성이 있는 동아리를 선택하는 게 중요하다.

경영학과를 지원하려는 학생이 있다고 하자. 이 학생은 먼저 학교동아리 중 경영학과와 관련된 동아리가 있는지 찾아볼 것이다. 경제 토론동아리와 같이 직접적으로 관련된 동아리가 있다면, 그 동아리를 들어가면 된다. 경영학 관련 동아리가 없다면 2가지를 선택할 수 있다.

첫째, 직접 경영학 관련 자율동아리를 만드는 것이다. 물론 함께할 친구를 모아야 한다. 이렇게 직접 동아리를 만들면 리더십과 전공에 대한 적극성을 어필할 수 있다.

둘째, 기존 동아리 중 한 곳에 들어가는 것이다. 무난한 선택은 독서동아리다. 독서동아리는 대부분 학교에 개설돼 있는데, 독서동아리에 들어가 경영학 책을 읽으면 된다. 그러면 전공과 쉽게 연결시킬 수 있다.

아니면 배드민턴동아리 같은 경영학과와 전혀 무관해 보이는 동아리를 들어갈 수 있다. 다만 이때는 자기소개서를 통해 배드민턴과 경영학을 연결시켜야 한다. 동아리 회장을 하며 경영 경험을 쌓았다거나, 배드민턴 채를 단체 구입하는 과정에서 겪은 마케팅 이야기 등을 적절히 엮어 소개하는 것이다. 물론 쉽지는 않지만, 오히려 이 점이 평가관들의 이목을 끌 수도 있다.

달리 말하면, 비록 1, 2학년 때 전공과 무관한 동아리를 선택했더라도 자기소개서를 통해 둘 사이의 연결 고리만 만들어준다면 충분히 축적성을 보여줄 수 있다는 것이다.

중요한 것은 자신의 전공과 관련된 동아리를 매년 선택하는 것이지만, 그렇지 못했다면 자기소개서를 통해서 이를 잘 연결해줘야 한다.

보고서는 주제가 전부다

교과목에 따라 보고서 쓰기를 수행평가 과제로 내주기도 한다. 이때 제출한 보고서 주제를 교과학습발달상황에 기록해주는 경우가 있다. 이는 학교마다, 교사마다 다르긴 하다. 그래도 학생부에 들어갈 가능성이 있다면 소홀히 해서는 안 된다.

그렇다고 만점을 받도록 신경 써야 한다는 것은 아니다. 주제를 잘 잡아야 한다는 뜻이다. 보통은 보고서의 주제를 학생부에 기록해주기 때문이다.

주제는 역시 전공과 관련이 있어야 한다. 예를 들어 공과계열을 지원한 학생 A가 있다. 한국사 수행평가 과제로 역사 인물 한 명을 조사해 보고서를 작성해야 한다면, 장영실이나 최무선처럼 기술이나 발명과 관련된 인물을 선택해 보고서를 써야 한다. 그러면 이 역시 축적성을 보여줄 수 있는 좋은 스펙이 된다.

신문방송학과를 지원하는 학생이라면 일제 강점기 양기탁, 장지연 등 신문과 관련된 인물을 선택할 수 있다. 한국사 수행평가인데 이를 신문방송학과 연결시켰다면, 대학은 그 학생을 높게 평가할 것이다.

교지에 글을 게재하라

소소하지만 강력한 합격 팁이 있다. 학교마다 1년에 한 번 정도 발간하는 교지나 문예지 혹은 학교 신문이 있다. 보통은 문예부나 신문부가 주관하는데, 외부 원고를 받는다.

이때 꼭 글을 투고하자. 당연히 진학하려는 전공과 관련된 글이어야 한다. 자기소개서에 쓸 좋은 소재거리가 된다. 대학 입장에서 보기에 학생이 고등학교 재학 기간 동안 진학 전공과 관련해 글을 썼다는 사실, 그 자체로 전공에 대한 큰 관심과 깊이를 증명하는 이력으로 여겨진다.

물론 글은 굳이 잘 쓰지 않아도 괜찮다. 대학에서 실제 글이 어떠한지 볼 방법은 없다. 글을 썼다는 사실, 그리고 기록이 중요하다.

정리하자면, 축적성을 키우기 위해 해야 할 것은 다음과 같다.

- 교내대회를 비롯한 교내행사는 되도록 참가할 것.
- 전공과 관련된 동아리를 택할 것(없다면 새로 만들거나 자기소개서에서 연결 지어라).
- 수행평가 보고서와 교지 및 학교 신문 투고 글은 전공과 관련된 주제로 쓸 것.

○ chapter 7 ○

자소서 쓰는 법 1, 이해하기

: 자기소개서는 무엇인가? :

이 챕터에서는 자기소개서이하 축약해 '자소서'에 대해 알아본다. 자소서 쓰는 법에 대해 살펴보기에 앞서, 먼저 자소서란 무엇인지 살펴보자.

자소서란 이름 그대로 '자기를 소개하는 글'이다. 그런데 그냥 자기를 소개해서는 불합격이다. 여기에는 한 단어가 생략돼 있다. 자소서는 자기를 '매력적으로' 소개하는 글이다.

그냥 자기를 덤덤하게 소개해서는 합격할 수 없다. 내가 왜 이 학교에 적합한지, 이 학과에 어울리는 인재인지를 매력적으로 어필하는 글이 자소서다. 이 자소서를 보고 대학은 지원한 학생의 합불을 판단한다.

자소서는 총 3~4문항으로 구성되어 있다. 이 문항에 대해 1,000자 내지 1,500자 내로 답하면 된다. 양식이 정해져 있는 것이다. 또 이 문항은 공통으로 협의된 사항이기 때문에 모든 대학이 거의 유사하다. 분량은 문항마다 1,000자 혹은 1,500자이며 도합 A4 3쪽이 채 되지 않는다. 이것이 자기소개서의 대략이다.

	문항 내용	분량
1번 (공통)	고등학교 재학 기간 중 학업에 기울인 노력과 학습 경험에 대해 배우고 느낀 점을 중심으로 기술해주시기 바랍니다.	1,000자 이내
2번 (공통)	고등학교 재학 기간 중 본인이 의미를 두고 노력했던 교내 활동을 배우고 느낀 점을 중심으로 3개 이내로 기술해주시기 바랍니다. (단, 교외활동 중 학교장의 허락을 받고 참여한 활동은 포함합니다.)	1,500자 이내
3번 (공통)	학교생활 중 배려, 나눔, 협력, 갈등관리 등을 실천한 사례를 들고, 그 과정을 통해 배우고 느낀 점을 구체적으로 기술하세요.	1,000자 이내
4번 (자율)	'주요 대학 4번 문항 정리표'(chapter 13 대학마다 차이는 있지만 비슷하다) 참고	

: 대학은 왜 자소서를 볼까? :

대학은 왜 학생부종합전형에서 자소서를 요구할까?

학종이 생기기 전 대다수 수시와 정시는 오직 수치화된 성적순이었다. 따로 평가자가 개입할 것 없이, 컴퓨터에 성적을 입력하면 자동으로 합불이 계산됐다.

그러나 학종이 생기면서 학생을 평가하는 '입학사정관'이라는 직업이 생겼고, 입학사정관과 함께 대학 교수가 학생을 직접 선발하게 됐다. 그래서 대학은 학생을 다면적으로 평가하고자 학생부와 자소서 두 서류를 본다.

그런데 학생부는 학생 개인의 노력도 중요하지만 또 고등학교마다 차이가 있고, 교사를 누구를 만나느냐에 따라 또 서술의 차이가 생긴다. 평가요소가 학생 본인뿐만 아니라 학생 외부에 있게 되는 셈이니, 학생부만으로는 한 학생을 온전히 판단할 수 없다. 그래서 함께 보는 게 자소서다. 자소서는 오롯이 학생 혼자 힘으로 쓰기 때문이다.

대학이 자소서를 보는 의도는 이렇다.

"너에게 A4 3쪽을 주겠다. 우리 대학, 우리 학과가 너를 왜 합격시켜야 하는지 우리를 설득시켜보라!"

이제는 기계가 아닌 사람이 직접 자소서를 읽고 평가한다. 대학을 가기 위해서는 이제 사람을 설득해야 한다. 설득하면 합격할 수 있다.

자소서는 학생부 기록만으로는 알 수 없는 스토리를 담을 수 있다. 내가 왜 이 활동을 했는지, 지원 전공과 어떻게 연관되는지, 활동을 통해 무엇을 얻었는지 등이다.

이것들을 잘 녹여내어 자소서에 쓰라는 의미다. 반대로 말하면 대학에서도 이런 것들을 평가요소로 본다는 뜻이다.

학생부교과전형 중에 자소서를 요구하는 곳과 자소서를 요구하지 않는 곳이 있다. 내신 성적은 높지 않지만 자소서에 스토리를 녹여낸 A학생은 학생부교과전형과 학생부종합전형을 모두 지원했는데, 학생부교과전형으로는 떨어졌지만 학생부종합전형으로는 최종 합격할 수 있었다. A 학생은 부족한 내신을 자소서로 잘 대체했기 때문이다.

: 학생부는 자소서의 재료다 :

자소서가 요리라면, 학생부는 요리를 구성하는 재료다. 아무리 신선하고 영양가 있는 재료를 구비했더라도 정작 요리를 망치면 소용이 없다. 마찬가지로 내신 성적이 아무리 높고 학생부가 알차도 정작 자기소개서를 통해 이를 잘 정리하고 표현하지 못하면 대학 합격은 요원하다.

물론 요리 실력이 뛰어나도 재료가 부실하면 요리에 제약이 있다. 일급 쉐프라도 라면만으로 최고급 호텔 요리를 만들 수 없다. 재료가 곧 요리는 아니지만, 재료가 요리에 큰 영향을 미치는 것은 사실이다. 자소서도 그렇다. 학생부가 좋으면 그만큼 좋은 자소서가 나올 가능성이 높다.

그러나 쉐프는 쉐프다. 재료가 라면뿐이라도 쉐프가 손대면 인스턴트가 아닌 요리가 된다. 상기하듯이 턱없이 낮은 내신 성적과 빈약한 학생부로 SKY를 가진 못한다. 그러나 자소서를 잘 쓰면 원래 갈 대학보다 몇 단계는 더 높은 대학에 진학한다.

한번은 재수생 학생을 만났는데, 학생부활동도 제법 다양하고, 성적도 3등급 초반이니 썩 나쁘지 않았다. 그런데 작년에 학종으로 지원한 인서울 대학 3곳에 모두 떨어지고, 수도권 대학 한 곳만 붙었다고 했다.

고3 때 쓴 자소서를 보니, 이유를 알 수 있었다. 자소서의 기초도 잡혀 있지 않았다. 학생부의 기록을 거의 베끼듯이 옮겨 놓았다. 느낀 점과 배운 점도 너무 부족했다. 이 학생에게 자소서 쓰기의 기본을 알려줬고, 그 학생은 재수 때 인서울 대학에 합격했다.

: 자소서로 역전할 수 있다 :

자소서 분량은 A4 3쪽이 전부다. 글자 수로는 약 5,000자다. 대학생이 되면 줄곧 제출하는 보고서 과제 분량이 보통 A4 5쪽이다. 이에 비하면 A4 3쪽은 매우 적은 분량이라 할 수 있다.

그런데 이 짧은 글을 어떻게 쓰느냐에 따라 대학의 합격이 좌우된다. 자소서를 어떻게 쓰느냐에 따라 낮은 성적이 매력이 될 수도 있고, 부족한 학생부가 오히려 합격의 이유가 되기도 한다.

반대로 자소서를 잘못 쓰면, 높은 성적과 알찬 학생부를 가지고도 떨어진다. 현재 고3이라 학생부를 더 관리할 수도, 여태 해온 것이 없어도 괜찮다. 이 책과 함께 A4 3쪽을 제대로 채워보자. 자기 등급보다 몇 단계는 더 높은 대학에 합격할 수 있을 것이다. 성적이 비록 낮더라도, 학생부가 조금 모자라더라도, 자소서만 잘 쓰면 명문대와 서울권 대학에 합격할 기회가 열린 것이다.

실례로 한 학생은 성적이 3등급 후반이었고, 학생부도 빈약했다. 동아리활동은 평범했고, 수상경력은 독후감대회 장려상 한 개가 전부였고, 진로활동도 뚜렷한 게 없었다.

그렇지만 이 학생은 전공에 대한 열정만큼은 뚜렷했다. 자기소개서에서 교내대회에 응시는 했지만, 수상하지 못하고 실패한 사례에서 의미를 부각시키고, 평범한 동아리지만 세부활동을 전공과 연결시켜 강조했다. 이 학생은 인서울 대학에 합격했다.

: 자소서는 논술이 아니다 :

계속 자소서를 '잘 쓴다'고 표현했다. 그러면 글쓰기 실력이 뛰어나야 자소서로 대학에 합격할 수 있는 걸까?

결코 그렇지 않다. 학종은 논술전형이 아니다. 논술은 글을 잘 써야 한다. 논술은 마치 조선시대 과거시험처럼 제한된 시간과 공간에서 자료나 준비 없이, 다른 사람의 도움 없이 당일 출제된 문제에 따라 글을 써 내려 가야 한다. 글쓰기 실력에 따라 결과물이 좌우될 수밖에 없는 구조다.

그러나 자소서는 문항이 공개돼 있다. 미리 써서 기간 내에 제출하기만 하면 된다. 분량도 짧고, 검색도 가능하며, 수정도 가능하고, 심지어 다른 사람의 피드백을 받아도 된다. 그러니 글 실력이 중요하지 않다.

게다가 논술은 글쓰기 실력을 보지만, 자소서는 애초에 글쓰기 실력을 평가하지 않는다. 물론 국어국문학과처럼 특수한 경우에는 어느 정도 글쓰기 실력을 본다. 그러나 글쓰기와 관련 없는 과인데 굳이 글쓰기 실력을 볼 이유가 없다.

자소서를 '잘 쓴다'는 것은 작문 실력이 좋아야 한다는 뜻이 아니라, 나를 매력적으로 잘 어필해야 한다는 뜻이다. 이것은 앞으로 소개할 몇 가지 기술만 익히고 적용하면, 글을 못 쓰는 사람도 충분히 멋진 자소서를 쓸 수 있다.

: 적당히 못 쓴 글이 더 진실을 준다 :

글쓰기 실력이 좋아야 자소서를 잘 쓰는 게 아닐뿐더러, 역설적으로 글쓰기 실력이 너무 좋아서는 안 된다. 자소서는 본인이 쓰는 게 원칙이다. 단지 그래야 한다는 것이 아니라, 기본적으로 자기가 써야 좋은 자소서가 탄생한다.

다만 여기에 전문가의 피드백을 조금 받으면 좋다. 그런데 의욕이 과한 나머지, 아예 글쓰기나 입시 전문가에게 자소서를 위탁하는 경우가 있다.

글이 너무 수려하면 자소서의 진위를 의심받는다. 대학 자체 표절 프로그램이 있을뿐더러, 프로그램에 걸리지 않더라도 입학사정관 눈에는 다 보인다.

정확히 말해 자소서에 담긴 내용은 알차야 한다. 그런데 표현이 너무 유려하거나 글의 전개가 고등학생 수준 이상으로 뛰어나면 안 된다. 그러니 본인이 글쓰기 실력이 없다고 해서 실망할 것 없다.

예를 들어 학생들이 자주 쓰지만, 좋지 못한 글쓰기 버릇이 있다. 바로 피동태 문장과 '것이다'의 남발이다. '저는 과학실험동아리활동을 했습니다'라고 쓰면 깔끔한데, 학생들은 꼭 '저는 과학실험동아리활동을 하게 되었습니다'라고 늘여 쓴다. 또 '인상 깊은 활동은 공익광고동아리입니다'라고 하면 될 것을 굳이 '인상 깊은 활동은 공익광고동아리를 한 것입니다'라고 쓴다.

일반적인 글쓰기라면 모두 교정해야 맞다. 그런데 필자는 그대로 둘 것을 권한다. 그래야 '학생 티'가 나기 때문이다. 다시 말해 적당히 못 쓴 글이 더 진실을 주기 때문이다.

: 말하듯이 쓰는 게 글이다 :

아무리 글쓰기 실력이 중요하지 않다고 역설해도, 글쓰기라고 하면 일단 두려워하는 학생들이 제법 있다. 그 학생들에게 말해주고 싶은 글쓰기의 대원칙이 있다. 소설과 시처럼 문학적인 글이 아닌 이상, 대부분의 글은 그냥 말하듯이 쓰면 된다. 말을 녹음해서 글로 받아 적는다고 생각해보자.

글은 한 줄도 못 쓰는 사람들도 대개 말은 제법한다. 말이라고 해서 아무렇게나 떠오른 대로 내뱉지 않는다. 무의식적으로라도 나름 서론, 본론, 결론에 입각해 말을 구상한다. 화제를 던져 흥미를 유발하기도 하고, 듣는 사람이 이해할 수 있도록 나름의 예시와 설명도 덧붙인다.

글도 마찬가지다. 궁극적으로 글은 글자로 적는 말이다. 말하듯이 써야 잘 쓴 글이고, 좋은 자소서다.

: 자소서의 목표는 설득이다 :

글에는 목적이 있다. 설명문은 설명이 목적이고, 홍보문은 홍보가 목적이다.

그럼 자소서의 목적은 무엇일까?

자소서의 목적은 자기소개가 아니라 설득이다. 나를 왜 합격시켜야 하는지 입학사정관을 설득해야 한다. 어쩌면 당연한 말 같지만 이걸 유념하지 않고 자소서를 쓰는 학생이 생각보다 많다.

타당성이 있어야 상대를 설득할 수 있다. 타당하다는 것은 적합한 이유가 있고 그럴듯하다는 뜻이다. 그런데 자소서를 쓰라고 하면 보통은 스스로도 자신감이 없어 부끄러움 가득한 글을 쓴다. 자기를 적극적으로 어필하지도 않는다. 누가 봐도 꿈도 없고 능력도 없어 보이는 글을 쓰는 것이다.

반대의 경우도 많다. 말도 안 되는 영웅담을 써온다. 학급에서 일어나는 문제는 본인이 다 해결한 것처럼 쓴다.

그럴 때 이렇게 자문해보자.

"나라면 이 글을 믿겠어?"

자기가 생각해도 고개를 저을 것이다. 둘 다 자소서의 목적이 설득이라는 것을 망각한 탓에 벌어지는 일이다. 내가 입학사정관을 설득한다는 각오로 써야 한다.

예를 들어 3번 문항 〈학교생활 중 배려, 나눔, 협력, 갈등관리 등을 실천한 사례를 들고, 그 과정을 통해 배우고 느낀 점을 구체적으로 기술하세요〉에 봉사활동을 했던 경험을 쓰는데, 봉사하는 내내 행복하기만 했다는 자소서는 믿기 어렵다.

그 과정에서 느꼈던 어려움과 힘든 점들을 솔직히 이야기하고 변화된 생각을 자소서에 녹여내야 한다. 그래야 설득할 수 있다.

: 자소서의 타깃은 교수다 :

자소서의 목적이 설득인 것을 알았다면, 정확히 누구를 설득해야 하는지도 짚어두자. 추상적으로는 대학교이지만, 구체적으로는 입학사정관과 대학 교수다. 이들이 학생부도 보고, 자소서도 평가한다. 나중에 면접도 주관한다.

학생부종합전형을 과거에는 입학사정관전형이라고 불렀다. 그래서 지금도 학생부종합전형의 서류 및 면접을 평가하는 직원을 입학사정관이라 칭한다. 입학사정관은 교사 출신을 비롯해 입시와 교육 전문가들로 구성된다. 대학마다 입학사정관들을 채용해 서류와 면접 평가를 주관하도록 한다.

입학사정관 외에 대학 교수도 학종 지원자를 평가하는데, 지원한 해당 전공 교수와 타 전공 교수가 평가에 참여하는 게 보통이다. 영어영문학과를 지원한 학생이라면 영어영문학과 교수와 타 전공 교수, 예를 들어 사학과 교수가 참여한다.

그렇다면 이중 누구의 결정권이 가장 클까?

쉽게 생각해도 지원한 전공의 교수다. 자소서의 목적은 설득이며, 주 타깃은 전공 교수다. 전공 교수를 설득한다는 생각으로 자소서를 써야 한다.

A학생은 일어일문학과를 지원한 학생이다. 일어일문학과를 지원하는 대부분의 학생들이 자신의 일어 능력을 뽐내는데 반해, A학생은 일문학에 대한 관심과 조예를 자소서에 녹여냈다.

일어일문학과의 교수들 중 절반이 일문학을 전공한 전공자다. 교수들 눈에는 수많은 학생들 중 A학생이 눈에 띌 수밖에 없다. A학생은 조금 부족한 내신이었지만 다수의 서울권 학교에 합격했다. 타깃이 교수임을 잘 활용한 사례다.

: 자소서에 투자하는 시간은? :

자소서에 얼마만큼 시간을 투자해야 할까?

답은 물론 사람마다 다르다. 일찍부터 한 달에 한 시간씩 투자해 학생부도 관리하고, 자소서도 미리 읽고 구상을 마친 학생은 자소서 쓰기가 훨씬 수월할 것이다. 그런데 흔히 시험도 그렇듯이 벼락치기를 하려면 아무래도 꾸준히 해온 사람보다는 더 시간을 들여야 한다.

자소서 제출 마감기한은 보통 고3 9월이다. 마감 때 닥쳐서 쓰게 되면 수능을 두 달 앞둔 시기와 겹친다. 이때 금 같은 시간을 자소서를 쓰는 데 주로 허비하는 건 효율적이지 못하다. 고3이라면 아무리 늦어도 여름 방학 안에는 자소서를 시작하는 게 좋다.

설령 9월에 임박해 자소서를 쓰더라도 하루 최대 3시간은 넘기지 말라고 권하고 싶다. 글은 3~4시간 붙잡는다고 더 써지지 않기 때문이다. 글은 아이디어다. 아이디어는 쉬는 시간에, 집 가는 중에, 잠자기 전에 문득 떠오르는 법이다. 그래서 적어도 아이디어는 평소에 구상해둬야 하고, 마감에 임박해 시작하더라도 계속 붙잡고 있을 필요가 없다.

글 쓰는 시간은 너무 길게 늘이지 말자. 1시간이 지나도 진도가 없거든, 그날은 자소서 쓰기를 멈추자. 오히려 마음을 비울 때 아이디어가 떠오르고, 좋은 자소서가 탄생한다.

: 일찍 구상할수록 좋다 :

하루 내내 자소서를 붙잡는다고 해서 잘 쓴 자소서가 나오지 않는다. 그보다는 미리 틈틈이 구상해두는 편이 낫다. 자소서를 일찍부터 구상하기 시작하면 자기의 부족한 부분을 미리 알아 학생부를 보강할 수도 있고, 더 좋은 자소서 아이디어를 떠올릴 수도 있다.

고3일지라도 될 수 있는 한 서두르는 게 좋다. 고3도 3월, 4월에 시작한 것과 9월에 닥쳐서 쓰는 게 또 다르다.

<table>
<tr><td rowspan="5">0점 처리항목</td><td>공인 어학 성적</td><td colspan="2">영어(TOEIC, TOEFL, TEPS), 중국어(HSK), 일본어(JPT, JSPT), 프랑스어(DELF, DALF), 독일어(ZD, TESTDAF, DSH, DSD), 러시아어(TORFL), 스페인어(DELE), 상공회의소한자시험, 한자능력검정, 실용한자, 한자급수자격검정, YBM상무한검, 한자급수인증시험, 한자자격검정</td></tr>
<tr><td rowspan="3">수학/과학/외국어 교과에 대한 교외 수상 실적</td><td>수학</td><td>한국수학올림피아드(KMO), 한국수학인증시험(KMC), 온라인 창의수학 경시대회, 도시대항 국제 수학토너먼트, 국제수학올림피아드</td></tr>
<tr><td>과학</td><td>한국물리올림피아드(KPHO), 한국화학올림피아드(KCHO), 한국천문올림피아드(KAO), 한국지구과학올림피아드(KESO), 한국뇌과학올림피아드, 전국정보과학올림피아드, 국제물리올림피아드, 국제지구과학올림피아드, 국제생물올림피아드, 국제천문올림피아드, 한국중등과학올림피아드</td></tr>
<tr><td>외국어</td><td>전국 초·중·고 외국어(영어, 중국어, 일본어, 프랑스어, 독일어, 러시아어, 스페인어) 경시대회, IET 국제영어대회, IEWC 국제영어글쓰기대회, 글로벌리더십 영어경연대회, SIFEC 전국영어말하기대회, 국제영어논술대회</td></tr>
<tr><td colspan="3">- '교외 수상 실적'이란 학교 외 기관이 개최한 대회 수상 실적을 의미하며, 학교장의 참가 허락을 받은 교외 수상 실적이라도 작성 시 '0점'(또는 '불합격') 처리됨
- 위에서 열거한 항목 외에도, 대회 명칭에 수학·과학(물리, 화학, 생명과학, 지구과학, 천문)·외국어(영어 등) 교과명이 명시된 학교 외 각종 대회(경시대회, 올림피아드 등) 수상 실적을 작성했을 경우 '0점'(또는 '불합격') 처리됨
- 공교육 내에서 이루어진 활동을 작성하는 취지이므로, 위에서 제시되지 않은 항목이라도 사교육 유발 요인이 큰 교외활동(해외 어학연수 등)을 작성했을 경우, 해당 내용을 평가에 반영하지 않음</td></tr>
</table>

고3 9월이면, 수시 원서접수 철이자 수능 2달 전이다. 수능 준비로 인한 스트레스와 대학 지원 고민 탓에 마음이 심란할 때다. 이때서야 자소서를 구상하고 시작하면, 그만큼 수능 공부 시간을 허비하게 된다. 이런 상태에서 자소서 구상이 잘될 리 없다. 고3에 시작하더라도 보다 여유가 있을 때, 자소서를 틈틈이 구상해야 하는 이유다.

: 금기사항은 조심, 또 조심하자 :

표에 해당하는 내용을 자소서에 쓸 경우, 평가에 반영되지 않거나 심하면 자동 불합격 처리되니 주의해야 한다.

간단히 말해 교내에서 활동한 이력은 모두 쓸 수 있다. 표는 교외 경력에 제한을 둔 것인데 수학, 과학, 외국어와 관련된 실적은 무엇이라도 절대 쓰면 안 된다고 기억하면 쉽다. 이외에도 해외 어학연수 등 사교육과 관련된 것은 쓰지 않아야 한다.

표에 해당하지 않는 사회, 문학 등과 관련된 실적은 자소서에 기재할 수 있다. 물론 교육청에서 진행한 프로그램이나 대학교 행사에 참여한 사실도 기재할 수 있다. 혹 자소서에 써도 괜찮은지 헷갈리는 게 있다면, 반드시 담임 선생님이나 진로 선생님 혹은 지원할 대학교에 문의해서 확인하도록 하자.

○ chapter 8 ○

자소서 쓰는 법 2,

구상하기

: 너를 알고 나를 알면 백전백승 :

《손자병법》의 '지피지기 백전불태'라는 구절이 유명하다. 너를 알고 나를 알면 싸움에서 위태롭지 않다는 뜻이다. 이는 자소서 쓰기에도 무척 중요한 명제다. 자소서는 우선 전체적인 구상을 그려야 하는데, 나와 너를 알아야 백전백승하는 자소서를 구상할 수 있다.

우리가 알아야 할 '나'는 물론 자소서를 쓰는 학생 본인이다. 스스로를 잘 분석해서 나의 장점과 단점을 가려내야 한다. 그래야 자소서에 어떤 점을 어필해야 할지, 그리고 어떤 점을 보완해야 할지 기획할 수 있다.

다음으로 알아야 할 '너'는 바로 대학교와 학과다. 만약 중앙대학교 경영학과를 지원한다면 '중앙대학교' 학교의 특성을 알아야 하고, '경영학과' 학과의 특성의 알아야 한다. 그리고 '중앙대학교 경영학과'의 특성을 알아야 한다. 그래야 그 특성에 맞게 나를 꾸밀 수 있다.

희망 진로가 경찰인 A학생은 6개의 수시 지원을 경찰 관련 학과와 법학과에 나눠 지원했다. 그런데 A학생은 두 개의 학과에 똑같은 내용의 자소서를 냈다. 경찰행정학과와 법학과는 분명히 다른 특성을 가지고 있는데, 두 개의 학과를 똑같은 자소서로 지원하다 보니 경찰행정학과에 맞는 자소서도 법학과의 맞는 자소서도 아니게 됐다.

각각 지원한 학과의 특성을 잘 이해하여 두 개에 자소서를 썼더라면 분명 입시 결과도 더 좋았을 것이다. '너'를 파악하지 못한 케이스다.

: 자소서 속 '나'를 설정하라 :

상기하듯이 자기소개서란 단순히 자기를 소개하는 것이 아니라, 자기를 매력적으로 소개하는 것이다. 그렇다면 자소서 속 '나'는 '나'인 것은 맞지만 실은 정직한 있는 그대로의 '나'여선 안 된다.

이것은 얼굴 화장과 같다. 화장한 얼굴이 있는 그대로 나의 얼굴은 아니지만, 그렇다고 나의 얼굴이 아닌 것은 아니다. 자소서 속 나도 지금 현재의 나보다 더 매력적으로, 대학이 뽑고 싶은 마음이 들도록 화장을 해야 한다.

그렇다고 아예 다른 사람인 척해선 안 된다. 예를 들어 내 성격이 소심하고 소극적인데, 자소서에는 마치 적극적이고 활발한 것처럼 나를 설정해선 안 된다. 그러면 면접이나 학생부 기록을 통해 들통이 난다. 그보다는 소심하지만 남들보다 꼼꼼하고, 소극적이지만 그만큼 사려가 깊으며 타인과 불화를 일으키지 않는 사람으로 묘사해야 한다.

자소서 속 '화장'은 나의 특징을 숨기고 속이는 게 아니라, 나의 특징을 장점화하는 방향으로 가야 한다. 현재의 나보다 조금 더 매력적인 나를 설정하자. 소심한 나를 적극적인 것처럼 속이려 하지 말고, 소심함의 장점을 어필하고 또 소심한 것의 단점을 보완하기 위해 어떤 노력을 했는지를 강조하자.

이렇게 자소서 속 나를 매력 있게 화장하되, 다만 설정은 명확히 해야 한다. 소심하지만 조용히 혼자 탐구하는 것을 좋아한다고 썼는데, 정작 다른 곳에는 친구들과 어울려 축구하는 걸 가장 좋아한다고 쓴다면 다소 모순적으로 보일 수 있다. 그렇게 되면 신뢰가 떨어진다.

나의 장점을 살리고 단점은 보완할 수 있도록 나를 꾸미되, 명확히 설정해서 모순되지 않도록 하자.

: '나'는 학생부다, 쓰지 않으면 모른다 :

학생부가 자소서의 재료임을 〈chapter 3〉부터 〈chapter 6〉에서 누차 강조했다. 앞에서 '나'를 알고 '나'를 설정해야 한다고 했는데, '나'는 바로

이 학생부 속에 있다. 학생부를 한 글자도 빠짐없이 꼼꼼히 정독하자.

먼저 내가 무슨 활동을 했는지 특히 특이한 활동, 지원 전공과 관련된 활동을 찾자. 그다음 장점으로 살릴 수 있을 부분과 단점이라 보완해야 할 부분을 체크하자. 학생부에 체크를 하기보다는 리스트를 만들어 정리하자.

서울권 대학의 학종 평균 경쟁률은 적게는 6 대 1에서 많게는 20 대 1 정도다. 특정 학과는 경쟁률이 60 대 1까지 치솟기도 한다. 건국대 미디어커뮤니케이션학과의 경우, 자기추천전형으로 12명을 모집하는데 600명이 지원해 경쟁률이 50 대 1을 기록했다.

입학사정관과 교수 몇 사람이 무려 600명의 서류를 검토해야 한다. 이는 극단적인 사례이기는 하지만, 서류를 평가하는 대다수 입학사정관과 교수는 무척 많은 서류를 읽고 평가해야 한다.

그러다 보니 모든 지원자의 서류를 하나하나 자세히 검토할 시간이 턱없이 부족하다. 그래서 보통 평가관은 분량이 적고 내용이 확연히 드러나는 자소서를 먼저 읽는다. 자소서가 매력적일 때 비로소 학생부를 눈여겨 읽는다.

그것도 학생부의 모든 항목을 샅샅이 읽기보다는 자소서에서 콕 집어 언급한 사항과 특히 학생부에서 중요한 항목진로희망사항, 동아리활동, 독서활동상황 등을 위주로 읽는다.

'나는 학생부가 알차니까 자소서에 굳이 언급하지 않아도 평가관이 알아주겠지'와 같이 안일한 생각을 해선 안 되는 이유다. 장점은 학생부에 있더라도 반드시 자소서에서 언급해야 한다. 아무리 장점이라도 자소서에 쓰지 않으면 대학은 알아주지 않는다.

: 잘 찾으면 분명 있다, 전공과 관련된 소재 찾기 :

일찍부터 학종을 시작한 소수가 있는 반면, 고3이 돼서야 학종을 시작한 어쩌면 대다수일 학생들은 자소서 쓸 생각을 하면 한숨부터 뱉는다. 자소서에 쓸 소재가 너무 없는 것 같아서다. 그러나 낙담하지 말자. 장담하건대 학생부를 꼼꼼히 읽고 잘 찾으면 분명 몇 개는 있다.

"내가 그의 이름을 불렀을 때 그는 나에게로 와서 꽃이 되었다."

김춘수 시인이 쓴 〈꽃〉의 명구다. 길가에 핀 식물의 이름을 알고 불러줄 때 비로소 소중한 꽃이 된다. 마찬가지로 학생부의 정말 짧은 이력, 문장 한 줄도 내가 자소서를 통해 의미를 부여하고 언급하면 값진 소재가 될 수 있다.

한 게 없을 것 같아도 3년간 의무적으로라도 참여한 기록이 있기 마련이다. 특히 창의적체험활동상황과 교과학습발달상황을 유심히 보자.

학생부에 기록된 이력과 서술 중 지원할 전공과 직결된 소재를 찾아내는 것이 첫째다. 그다음으로 전공이 속한 계열과 관련된 소재를 찾는 것이 둘째다.

사학과를 지원한 학생을 예로 들어 살펴보자.

첫째, 역사와 직결된 소재를 찾아야 한다. 독서활동상황의 역사책, 교과학습발달상황의 역사 과목 성적과 특기사항을 찾아보자. 그리고 창의적체험활동 중 역사와 관련된 활동, 진로희망사항과 수상경력의 역사 관련 기재사항 등도 빠뜨릴 수 없다.

둘째, 사학과가 속한 인문계열 혹은 넓게는 인문사회계열과 관련된 소재를 찾아야 한다. 역사 과목뿐만 아니라 국어, 사회탐구 과목, 영어, 한문까지 두루 해당할 수 있다. 이 교과목들과 관련된 기재사항들을 찾아서 자소서에 기술해도 전공에 대한 일관성 내지 적합성을 충분히 인정받을 수 있다.

둘째의 경우라면 역사와의 관련성을 자소서에 강조해 기술하면 더욱 좋다. 예를 들어 본인이 윤리와 사상 과목 성적이 높다면 단순히 윤리와 사상에 대해서만 나열하기보다는 역사 전공과 윤리와 사상의 연결 고리를 언급해야 한다. 윤리와 사상은 철학이므로 '문사철'이라는 인문학으로 묶을 수도 있고, 보다 전문적으로는 '역사 철학'을 이야기할 수도 있다. 이런 세밀한 서술에서 지원자의 전공에 대한 깊이와 관심이 드러난다.

: 독특한 소재, 평범한 성공보다 값진 좌절이 좋다 :

지원 전공과 관련이 없더라도 독특하다면 소재로서 괜찮다. 독특하다는 것은 남들은 보통 하지 않을 활동이거나 자기의 장점을 강하게 어필할 수 있는 뛰어난 활동, 풀어낼 이야깃거리가 많은 학생부활동을 말한다.

이러한 활동은 전공과의 관계가 옅어도 괜찮고, 전공과 조금이라도 연결시킬 수 있다면 더 좋다.

이번에는 신문방송학과를 지원한 학생을 예로 들어보자.

이 학생이 택견동아리에서 활동했다면 신문방송학이라는 전공과 별 유사점이 없어 보인다. 그런데 동아리가 워낙 특이해서 평가관의 이목을 끌 수 있다. 게다가 택견동아리를 하면서 느끼고 배운 점까지 남다르다면 단순히 눈에 띄는 것을 넘어 매력적일 것이다자소서는 느낀 점과 배운 점이 몹시 중요하다. 자세한 것은 〈chapter 8〉의 '자소서 쓰는 법 2, 구상하기'와 〈chapter 10~13〉에서 보자.

다른 방법도 있다. 유사점이라고 전혀 없어 보이는 신문방송학과와 택견을 연결시키는 것이다. 신문방송학 직업이라면 막연히 기자를 떠올리는데 기자도 종류가 있다.

정치부, 사회부, 문화부 등 다양한 부서가 있다. 이중 본인이 문화부 기자를 지망하고, 특히 전통문화에 관심이 깊다고 소개한다면 택견동아리는 근사한 신문방송학과 스펙으로 재탄생하게 된다.

학종은 성공뿐만 아니라 '실패'에도 점수를 주는 유일한 평가전형이다. 시험문제에서 정답은 성공이고 오답은 실패라고 할 수 있다. 이중 정답을 계산해 점수를 매긴다. 아무리 문제풀이에 심혈을 기울였고, 그 과정에서 소중한 배움을 얻었더라도 결과가 오답이면 그만이다.

반면 학종은 결과는 실패라도 그 과정에서 느끼고 배운 바가 훌륭하다면 충분히 점수를 준다. 더 나아가 평범한 성공 경험보다는 값진 실패, 소중한 좌절 경험에 더 높은 점수를 주기도 한다.

이 점에서 학생부 기록이 빈약한 학생에게도 기회가 있다. 교내대회에서 수상 실적이 있어야 학생부 수상경력 칸에 기록된다. 교내대회에 참가했더라도 수상을 실패했다면 학생부에 기록이 남지 않는다. 수상경력뿐만 아니라 일반적으로 학생부에 기재된 사항은 성공 경험에 가깝다. 실패 경험은 기록되지 않는다.

이 점을 활용하는 것이다. 학생부에 기록이 없더라도 자기가 대회나 행사에 참가했으며 비록 실적은 내지 못했으나, 본인이 참가해 무슨 일을 했고 그 과정에서 무엇을 배웠는지를 자소서에서 주장하는 게 가능하다.

단, 실패 경험이라도 학생부에 기록이 있다면 좋지만 기록이 없을 경우에는 주의할 게 있다. 학생부에 기록이 없는 활동을 자소서에 남발해 써서는 안 된다. 신뢰성이 떨어지기 때문이다. 학생부에 기록되지 않은 활동은 자소서에서 두 개 이상 기술돼서는 안 된다.

: 평가자의 시각에서 역지사지하라 :

자소서를 작성하는 것은 '나'지만, 자소서를 읽고 평가하는 것은 대학교다. 정확히 말하면 대학교에서 근무하는 입학사정관과 교수다. 그렇다면 자소서를 작성하는 것은 '나'일지라도 항상 입학사정관과 교수의 입장에서 그들의 시각을 고려해야 한다. 쉽게 말해 입학사정관과 교수가 마음에 들어 할 자소서를 써야 한다.

특히 강조하고 싶은 것은 그들 평가관특히 교수은 대체로 40대 이상 성인이며, 그중에서도 일부 학과를 제외하고는 대부분 남성이라는 점이다. 10대 고등학생 본인의 시각뿐만 아니라, 40대 이상 성인 특히 남성의 시각에서 본인의 자소서를 바라볼 줄 알아야 한다.

또 사소해 보이지만, 합불 결정권을 쥔 교수는 학창 시절 공부를 열심히 한 모범생들이었다는 점도 기억하자.

내신 성적은 낮지만 학생부 이력은 풍부한 학생들이 자기 장점을 강조하기 위해서, 성적 높은 모범생을 깎아내리는 표현을 자소서에 담는 경우가 있다. 모범생 출신인 교수가 이 같은 서술을 어떻게 받아들일지는 어느 정도 예상이 된다.

아무리 자기의 가치관과 주관을 벗어나 객관적으로 지원자를 평가하려고 해도, 결국은 사람의 일이다. 평가자의 가치관, 살아온 배경과 환경이 반영될 수밖에 없다.

다만 '40대 이상 남성, 모범생 출신'처럼 평가자들을 일반화할 수는 없다. 같은 교수라도 법학과 교수와 문예창작학과 교수가 다를 것이다. 따라서 내가 지원한 전공의 특징과 지원한 대학교 교수의 프로필까지도 고려해야 한다. 교수는 대학 합격 백전백승을 위해 꼭 알아야 할 '너'다.

: 각 대학교 인재상은 무시하자 :

백전백승을 위해선 대학교를 알아야 한다고 말했다. 그러면 보통 학생들은 당장 지원할 대학 홈페이지에 접속해 인재상, 대학 설립 이념을 조사한다. 그리고 자소서에 이를 언급하고 녹여내 대학에 대한 충성도를 보여주려고 한다. 실제로 많은 학생들이 자소서에 대학교의 인재상과 교훈을 언급한다.

미안하지만 정말 불필요한 행동이다면접 때는 간혹 질문하는 경우도 있다. 사실 교수조차 자기 대학 설립 이념을 외우는 사람은 많지 않을 것이다. 굳이 교훈 등을 언급하는 것은 지면 낭비이며, 심지어 가식적으로도 느껴질 수 있다. 정말로 대학교 교훈이 마음에 들어서 대학교에 지원하는 학생이 누가 있을까. 대학교 '이름값' 때문이라는 것은 평가관도 당연히 알고 있다.

대학교 자체보다는 학과의 특징에 주목하자. 서류를 평가하는 사람은 대학교 총장이 아니라 학과 교수다.

한편 그럼에도 자소서를 쓸 때 대학교의 특징을 유의해야 하는 경우가 있는데, 종교재단인 대학교다. 해당 종교의 신자이어야 하거나 신앙심을 강조해야 하는 것은 아니지만, 해당 종교 신자가 거슬려 할 내용은 쓰지 않는 게 좋다.

중요한 것은 지원한 학과와 교수의 특징이다. 학과 홈페이지를 들어가면 제법 많은 자료가 있다. 학과 연혁과 소개 그리고 교육 과정 및 졸업 후 진로 등을 볼 수 있는데, 이를 통해 해당 학과의 특성을 이해할 수 있다.

또 교수 프로필을 통해 교수의 세부 전공과 이력을 알 수 있다. 교수의 경우 홈페이지에 소개된 저서 혹은 인터넷 포털 사이트에 검색해 교수가 쓴 글을 읽어볼 수도 있다. 교수의 가치관과 생각을 짐작할 수 있다.

이 같은 사전조사는 무척 중요하다. 하나의 예시를 들어보자.

영어영문학과, 중어중문학과, 일어일문학과, 독어독문학과, 불어불문학과 등 외국어 관련 전공을 지원하는 학생은 자소서에 무엇을 강조해야 할까?

물론 전공에 대한 자기의 의지와 이력일 것이다. 그래서 영어영문학과라면 본인이 얼마나 영어에 관심이 많고, 영어 점수가 높으며, 미드와 영드를 즐겨 보는지 백이면 백 모두가 강조한다. 또 일어일문학과라면 일본문화에 조예가 깊으며, 자막 없이 애니메이션을 볼 수 있을 정도로 일어 실력이 뛰어남을 자소서에 강조한다. 얼핏 당연한 서술 같지만, 아니다.

이 학생들은 학과 홈페이지를 접속하지 않았거나, 자세히 보지 않은 것이다. 국어국문학과는 바로 문학을 떠올리는데, 왜 영어영문학과나 일어일문학과는 문학을 떠올리지 않을까?

학과 홈페이지를 보라. 학과 교수의 절반은 세부 전공이 영어학이 아닌 영문학이며, 일어학이 아닌 일문학이다. 학과 커리큘럼에도 문학 과목이 있다. 영어영문학과는 이름 그대로 영어와 영문학을 공부하는 곳이기 때문이다.

이 점을 파악한 학생이라면 다들 영어 실력을 강조할 때, 본인은 영문학을 강조할 것이다. 모두가 자소서에 영어 실력을 강조하는데, 한 학생이 본인은 영문학에 관심이 많으며 그래서 아일랜드 시인 윌리엄 예이츠의 시를 사랑한다고 자소서에 쓴다면 어떨까?

무척 매력적으로 느껴질 것이다.

: 절대, 비전문가와 상의하지 마라 :

누구나 자소서를 처음 써보니 막막한 마음이 든다. 그래서 종종 주변 사람의 조언을 구한다. 담임 선생님으로도 모자라 친구와 부모님, 친척과도 상의한다. 담임 선생님이야 어느 정도 노하우가 있겠지만, 그 밖에 다른 사람들과는 상의하지 않는 편이 낫다. 물론 진심어린 조언이겠지만 실제로도 좋은 결과를 낼 수 있을지는 의문이다.

학종 자소서는 앞에서 말했다시피 글쓰기 실력이 좋아야 하는 것도 아니며, 일반 글쓰기와도 많이 다르다.

심지어 상대가 학종 컨설턴트나 자소서 전문가라도 여러 사람에게 조언을 구하는 것은 좋지 않다. 왜냐하면 자소서는 시험처럼 답이 정해진 것이 아니라서, 아무리 전문가라도 각자 의견이 다양하기 때문이다. 이 전문가와 저 전문가에게, 이 의견과 저 의견을 듣고 이를 다 반영하다보면 이도 저도 아닌 자소서가 나올 수 있다.

그보다는 이 책 한 권을 믿고, 이 책에서 소개하는 지침을 따라 쓰기를 권한다.

한번은 기자인 친척과 담임 선생님 또 학원 선생님 등의 조언을 듣고 자소서를 수차례 수정한 학생이 있었다. 각자 조언이 달라 누구 말을 들어야 할지 혼란스럽고, 수정 과정에서 자신감도 많이 하락한 상태였다. 자소서를 보니, 내용이 통일성이 없이 뒤죽박죽이었다. 많은 사람의 조언을 듣는다고 좋은 자소서가 완성되는 것은 아니다.

○ chapter 9 ○

자소서 쓰는 법 3, 전개하기

: 자소서는 사연이다 :

자소서는 사연이 중요하다. TV에서 방영하는 음악 경연 프로그램을 보자. 실력이 월등해서 이슈를 끄는 경우도 있지만, 그가 가진 사연이 감동적이라서 이슈를 끄는 경우도 많다. 원래 사람은 사연에 마음이 끌리는 법이다. 평가관도 마찬가지다.

예를 들어 이공계열을 지원한 학생 A와 B를 가정하자.

A는 수학 성적이 2등급이고, B는 3등급이다. 이를 자소서에 담을 때 A의 수학 공부 과정은 평탄하지만, B는 스토리가 있다면 성적은 낮아도 B가 더 높은 점수를 받을 수 있다.

또 A와 B가 똑같이 영화감상동아리활동을 했고 이를 자소서에 서술했다. A는 막연히 동아리활동 내역을 나열했다. 반면 B는 동아리 시간에 본 영화를 본인이 겪었던 에피소드와 연결해서 글을 풀어냈다. 당연히 B가 더 좋은 인상을 준다.

봉사활동도 마찬가지다. A는 할머니가 요양원에 계실 때 잘 찾아뵙지 못했는데 돌아가신 뒤 그게 항상 마음에 남아 실버요양원에서 봉사활동을 하게 됐다고 썼다면, 사연이 있다. B는 큰 계기 없이 집 근처에 있는 실버요양원에서 봉사활동을 했다고 썼다면, 사연이 없다. 당연히 A가 좋은 평가를 받는다.

: 이름 - 내용 - 감상 순서로 써라 :

자기소개서는 3층 건물에 비유할 수 있다. 1층과 2층이 없이 3층만 있을 수는 없다. 1층 – 3층 – 2층 순서로 건물을 쌓을 수도 없다. 1층 – 2층 – 3층 순서대로 차곡차곡 쌓아야 한다. 자소서 작성도 1층, 2층, 3층을 순서대로 빠짐없이 지켜야 한다.

자소서의 1층은 '이름'이다. 먼저 활동명을 한 줄로 명확히 언급해야 한다. 자소서의 2층은 '내용'이다. 구체적으로 무슨 활동을 어떻게 했는지 그 내용을 풀어 써야 한다. 자소서의 3층은 '감상'이다.

이러한 활동 내용을 통해 무엇을 느끼고 배웠으며, 어떻게 성장했는지를 밝혀야 한다.

'나의 꿈 발표대회'를 자소서에 쓴다면 먼저 "저는 나의 꿈 발표대회에 참가해 제 꿈인 환경학자를 발표했습니다."와 같이 활동명이 드러나도록 써야 한다. 1층에 해당한다.

다음으로 어떻게 준비했으며 구체적으로 무엇을 발표했는지, 그 내용을 써야 한다. 2층에 해당한다.

마지막으로, 발표대회를 통해 무엇을 느꼈고 배웠는지 감상을 써야 한다. 이것이 자소서 쓰는 순서다. 자소서의 1층, 2층, 3층 순서를 꼭 기억해서 빠뜨리거나 섞지 말자.

3층(감상)
2층(내용)
1층(이름)

: 동기에 초점을 맞추지 마라 :

자소서를 이름 - 내용 - 감상 3단으로 규정했다. 학종이나 자소서에 대해서 조금 들은 바가 있는 학생이라면 조금 의아할 수도 있다. '동기'를 제외했기 때문이다.

보통은 활동에 대해 적을 때 왜 그 활동에 참여했는지, 그 활동을 하게 된 동기를 적는다. 물론 동기를 밝히는 것은 좋다.

그런데 동기를 여기에서 제외한 것은 동기가 별로 중요하지 않기 때문이다. 동기가 독특하거나, 활동에 대한 이해를 돕기 위해 필요한 경우가 아니라면, 굳이 동기를 넣지 않는 것도 추천할 만하다.

왜냐하면 동기라는 것은 대체로 뻔할 수밖에 없기 때문이다. 공부를 열심히 하는데 별다른 동기가 있을까? 동아리를 참여하는데 점수가 될 만한 동기가 있을까?

당연히 좋은 대학을 가기 위해서 공부한다. 동아리 주제에 관심이 있거나 친한 친구가 해서, 담당 선생님이 좋아서, 재미있을 것 같아서, 혹은 의무적으로 하라니까 동아리에 가입한다.

그런데 이렇게 쓰면 너무 속이 보이는 것 같아 그럴듯한 이유를 대려고 한다. 그럼 궁색해진다. 동기를 너무 신경 쓰지 말자. 별다른 동기가 없다면 그냥 안 쓰면 된다.

2번 문항은 자신이 인상 깊게 활동한 교내활동을 1개에서 3개까지 쓸 수 있다. 보통은 3개를 많이 쓰는데, 2번 문항의 글자 수 제한이 1,500자이고 보니 3개를 각각 대략 500자씩 분배해야 한다. 그런데 동기에 너무 초점을 맞추다 보니, 정작 활동 내용과 배우고 느낀 점이 제대로 들어가 있지 않은 경우가 있다. 동기에 관한 서술을 많이 쓰느라, 칸이 부족한 탓이다.

자소서 작성의 1층을 알아보자. 첫 문장만 읽어도 활동을 알 수 있도록 단순명료하게 써야 한다.

앞에서도 말했다시피 평가관 몇 사람이 수많은 지원자의 서류를 다 검토해야 하기 때문에, 나의 활동이 잠깐 봐도 정확하게 드러날 수 있도록 해야 한다. 아무래도 평가관도 사람인만큼 피로감을 줄여줘야 조금이라도 좋은 인상을 남길 수 있다. 예시를 보자.

"장래희망이 기자인 저는 교육청이 주관하는 진로캠프 '기자의 역할과 기자되는 법'에 참가해, 한 학기 동안 매주 현직 기자로부터 멘토링을 받았습니다."

한 문장으로 되어 있지만 이 문장만 봐도 ① 꿈이 기자라는 것, ② 교육청 진로캠프에 참가한 것, ③ 캠프명이 '기자의 역할과 기자되는 법'이라는 것, ④ 현직 기자로부터 멘토링을 받은 것, ⑤ 기간이 한 학기이며 매주 참석했다는 것을 일목요연하게 알 수 있다.

"1학년 때 교내 환경 독후감대회에 참가해 장려상을 수상했습니다. 저는 책 《착한 전기는 가능하다》를 읽고 '이제는 대안에너지에 집중하자'라는 글을 썼습니다."

이번엔 두 문장으로 되어 있다. 문장이 길다 싶으면 이처럼 나누는 것도 좋다. ① 1학년 때 교내 환경 독후감대회에 참가한 것, ② 장려상을 수상한 것, ③ 책 《착한 전기는 가능하다》를 읽은 것, ④ 독후감 글 제목이 '이제는 대안에너지에 집중하자'라는 것을 알 수 있다.

이렇듯 첫 문장에 활동명 등이 간략히 드러나도록 써야 한다. 평가관의 피로감을 줄일뿐더러 뒤에 글을 전개하기도 쉽다.

: 내용, 장점을 들킨 것처럼 쓸 것 :

이제는 2층을 쌓는 법을 알아볼 차례다. 2층은 활동한 내용을 보다 자세하게 밝혀야 한다. 1층이 명확하게 쓰면 되듯이 2층 또한 어렵지 않다. 실제 활동했던 내역 중 특히 의미 있는 일, 중요한 일을 중점으로 서술하면 된다. 보통 한 활동당 적게는 500자에서 많게는 1,000자를 할애할 수 있다. 한 문장 한 문장이 당락에 영향을 미치므로 아껴서 써야 한다. 활동한 내용이 많더라도 중요한 것들 위주로 써야 하는 이유다. 이것이 2층을 작성하는 기본이다.

여기에 한 가지 팁을 추가하자면, 나의 장점을 보여주되 마치 장점을 들킨 것처럼 써라. 자기소개서는 자기를 '매력적으로' 소개하는 글이라고 정의한 바 있다. 당연히 자소서에 나의 장점을 드러내야 하는 게 맞다. 그런데 이것이 '자랑'처럼 보여선 안 된다.

친구 관계를 떠올려보자. 입만 열면 자기 자랑을 하는 친구에게 호감을 갖기 어렵다. 자소서를 읽는 평가관도 비슷한 생각을 갖고 있다. 나의 장점을 뽐내야 합격하는 건 맞는데, 막상 너무 자랑처럼 보이면 인간적인 호감을 주기 어렵다.

그러면 어떻게 해야 할까?

쉬운 비유를 들자. 외모가 잘생긴 사람이 스스로 "나 잘생겼다."라고 하면 비호감이다. 굳이 내 입으로 잘생겼다고 강조하지 않아도 상대로 하여금 내가 잘생겼음을 알게 하는 방법이 있다. 그냥 잘생긴 외모를 보여주면 된다. 자소서도 똑같다.

자소서에 도전정신을 어필하고 싶다면 "저는 매사에 도전하는 성격입니다. 도전정신만큼은 결코 남들에게 뒤처지지 않습니다."라고 역설하면 하수다. 신뢰도 별로 가지 않을뿐더러 호감이 생기지 않는다. 그보다는 성실한 활동을 나열하면 된다. 예시를 하나 보자.

"국어 선생님께서 각자의 꿈을 주제로 짧은 소설을 써오라는 수행평가를 내주셨습니다. 검사가 꿈인 저는 우선 현직 검사를 만나 인터뷰를 해야겠다고 생각했습니다. 소설은 현실감을 갖춰야 하며 실제로 많은 소설가들이 현실감을 갖추기 위해 인물취재와 현장답사를 한다고 들었습니다. 저는 검사를 만나고 검사의 일터인 법정을 답사하기 위해서 다음과 같이 계획을 세웠습니다. 저는……."

도전정신이라는 단어는 등장하지 않지만, 누가 봐도 도전정신이 뛰어난 학생임을 알 수 있다. 애초에 집에서 작성해도 되는 수행평가인데, 이 학생은 발로 뛰기로 결심했다. 게다가 고등학생이 검사를 만날 계획을 세우기 어렵다. 웬만큼 도전정신이 강한 학생이 아니면 나올 수 없는 행동이다.

만약 이 학생이 스스로 "나는 도전정신이 없다."라고 주장한다고 해도 누구도 믿지 않을 상황이다. 장점을 들킨 것이다.

: 내용, 새드엔딩이 더 믿음이 간다 :

위의 검사를 만나려고 계획을 세운 학생의 사례를 이어서 보자. 결말이 궁금하지 않은가?

물론 저 학생은 가상 속 인물이기 때문에 정해진 답은 없다. 실패했을 수도 있고 성공했을 수도 있다. 그런데 아무래도 고등학생도 바쁘고 검사도 바쁘니까, 결국 직접 만나는 것은 실패했다고 가정하자.

이때 많은 학생들은 유혹을 느낀다.

"어차피 학생부에는 국어 수행평가로 '검사를 주제로 소설을 썼다'는 기록만 있는데, 자소서에는 그냥 만났다고 해 버릴까?"

실제로 많은 학생들이 자기 능력을 과시하기 위해 사실 관계를 많이 위조한다. 물론 학생이 검사를 만났는지 여부를 평가관이 알 수 있는 방법은 없다. 그렇지만 조금 의심은 할 수 있을 것이다.

그러면 실패한 사실을 그대로 밝히는 것은 어떨까?

실패한 결과를 의심할 평가관은 없다. 학생의 서술을 있는 그대로 신뢰할 것이다. 해당 항목뿐만 아니라 학생 자체에 대한 신뢰감이 상승한다. 거의 대부분의 학생들이 성공 경험, 심지어 영웅담을 쓴다. 하지만 실패 경험을 털어놓는 학생이 있다면 인간적인 호감도 갈 것이다.

결과가 실패라고 해서 애초에 의도했던 '도전정신'이 퇴색되는 것도 아니다. 남들은 시도하지 않을 일을 계획하고 부딪쳤다는 사실만으로도 충분히 도전적이다. 이렇듯 해피엔딩보다는 실패한 새드엔딩이 오히려 더 많은 이점을 가진다.

: 내용, 해피엔딩과 새드엔딩 사이의 타협점을 찾아라 :

새드엔딩의 이점을 소개했다. 그렇다고 혹 자소서의 모든 항목을 실패한 경험으로 끝내는 학생은 없으리라 믿는다.

보통 자소서 하나에 활동이 적게는 3개에서 많게는 8개가 들어간다. 새드엔딩인 활동을 꼭 넣어야 하는 것은 아니나, 넣는다면 1개가 적당하다. 2개 이상이면 자칫 계획만 거창하고 뒷심이 없어 보인다. 나머지는 역시 해피엔딩으로 채우자.

또 팁이 있다. 다시 앞의 검사를 만나려고 한 학생의 예를 이어가 보자. 결말은 사실 검사를 만났거나, 만나지 않았거나 둘만 있는 것이 아니다. 해피엔딩과 새드엔딩 사이의 타협점을 찾을 수 있다.

이야기를 이렇게 마무리 지으면 어떨까.

"…… 바쁜 일정 탓에 검사님을 직접 뵙지는 못했습니다. 그러나 서면 인터뷰는 가능하니 질문지를 보내달라며 이메일 주소를 알려주셨습니다. 우리가 잘 알지 못하는 것들, 평소 궁금했던 것 등 소설 쓰기에 도움이 될 만한 질문지를 추려 보냈고 답변을 받을 수 있었습니다."

비록 원래 계획은 실패했지만 서면 인터뷰를 성사시켰다. 이것만으로도 고등학생으로서는 훌륭한 성과다. 게다가 현실적이면서 신뢰성까지 느껴진다.

논의를 정리하면 다음과 같다. 해피엔딩 활동들로 자소서를 채우자. 다만 하나 정도는 새드앤딩을 넣으면 눈길이 가고 신뢰도 간다. 아니면 성공과 실패 사이의 타협점을 찾을 수도 있다. 소기의 성과를 거둔 것을 결과로 맺는 것이다.

: 감상, 구체적인 게 사실적이다 :

3층 감상을 쓸 때 가장 중요한 포인트는 '구체성'이다. 구체성은 비단 감상뿐 아니라 1층 – 이름, 2층 – 내용까지 자소서 전반에 거쳐 유념해야 할 사항이다. 그런데 특히 감상에서 구체성을 강조하는 것은 1층과 2층에서는 학생들이 그래도 구체적으로 쓰는 편인데, 3층에 와서 그 구체성이 무너지기 때문이다.

우선 왜 감상을 구체적으로 적어야 하는지 이유를 알아보자.

첫째, 구체적으로 써야 신뢰가 간다. 취조를 떠올려보자. 사건이 발생했을 때 알리바이를 인정받으려면, 어디에서 무엇을 했으며 누구와 있었는지 등 구체적인 진술이 있어야 한다.

자소서도 마찬가지다. 다들 이 활동 저 활동을 통해 배우기도 많이 배우고, 느낀 것도 많고, 반성도 많이 하고, 새롭게 알게 된 사실도 많다고 서술한다. 그런데 이 말들을 다 믿을 수 없는 것은 당연하다. 평가관들 역시 지원자들이 쓴 말들을 곧이곧대로 믿지 않는다.

그나마 1층과 2층에 해당하는 활동 내역들은 학생부 기록을 통해 사실 여부를 알 수 있다. 그러나 3층 감상인 배운 점과 느낀 점은 내면의 이야기라 증거 자료가 있을 리 없다. 철저히 자소서의 글을 통해 진실을 판단할 수밖에 없는 것이다. 그러므로 감상을 구체적으로 써야 한다. 구체적으로 쓰면 신뢰가 간다.

둘째, 감상이 추상적이면 좋은 점수를 받기 어렵다. 그냥 "이를 통해 많이 배웠습니다."라고 쓰면 평가관이 점수를 주려고 해도 줄 수가 없다. 대체 무엇을 배웠는지를 알 수 없기 때문이다. 정확히 무엇을 배웠는지를 명시해야 한다. 이렇듯 감상의 핵심은 구체성이다. 감상은 꼭 구체적으로 쓰기 위해 노력하자.

: 감상, 한 가지에 집중하라 :

보통 한 활동당 글자를 500자에서 1,000자를 할애한다. 500자 기준으로는 이름과 내용을 350자, 감상을 150자를 분할한다. 1,000자 기준으로는 이름과 내용을 700자, 감상을 300자 정도로 쓰는 게 적절하다. 물론 정해진 것은 아니지만 대략 이 정도 비율이 여러모로 무난하다.

그러면 감상을 150자 혹은 300자를 써야 하는데, 정작 쓰려고 하면 무척 적은 분량이다. 따라서 감상을 이것저것 다 담으려 하기보다는 하나 혹은 두 개의 감상에 집중하는 편이 낫다. 수박 겉핥기식으로 이것저것 언급하지 말고, 주요한 감상을 선택해 자세하게 쓰자.

예시를 비교하자.

"봉사활동을 통해 많은 보람을 느꼈습니다. 노인 분들을 도와드리면서 제 스스로도 많은 도움이 되었습니다. 주말이면 봉사활동을 갈 생각에 뿌듯했고, 평일에도 주말에 봉사를 했다는 자부심이 저를 행복하게 만들었습니다. 노인 분들과 대화를 나누면서 말동무도 되어드리고 어르신들의 지혜를 얻을 수도 있었습니다. 그러나 한편 노인 분들의 열악한 환경을 보며 너무 안타깝다는 생각도 들었습니다. 이러한 부분을 제도적으로 보완해야 한다고 생각합니다."

"봉사활동을 하면서 실버요양원의 여러 부분들이 열악하다고 느꼈습니다. 요양원의 노인 분들의 숫자에 비해 요양관리사와 의료인들의 숫자가 턱없이 적다고 느꼈습니다. 그러다 보니 노인 분들은 치료가 필요하거나 아픈 곳을 빨리 치료받지 못하고 있었고, 생활하면서 불편한 시설들에 대한 건의도 잘하지 못했습니다. 앞으로 고령화 사회에 발맞춰 더욱더 많은 요양원들이 생겨날 것입니다. 요양원에 환자 수에 따른 적절한 의료인들의 숫자가 제도적으로 더욱더 잘 갖춰져야 된다는 생각이 들었습니다."

전자는 비교적 여러 감상을 담고 있는 반면, 후자는 요양원의 문제점이라는 하나의 이슈에 초점을 맞춘다. 전자도 나쁜 예시는 아니다. 실제로 많은 학생들이 전자처럼 감상을 쓰며, 그래도 대학에 합격하는 경우는 제법 많다. 그러나 후자처럼 쓰면 전자보다 활동에 대한 깊은 이해를 보여줄 수 있다.

: 뻔한 말, 불필요한 말은 빼자 :

자소서 분량은 A4 3쪽 정도다. 대학 합격을 좌우하는 비중에 비하면 이는 무척 적은 분량이다. 뻔한 말, 불필요한 말은 최대한 빼는 게 경제적이다. 뻔한 말, 불필요한 말이란 이런 것이다.

학업 공부를 이야기하면서 "학교는 공부를 하기 위해서 오는 곳입니다. 따라서 학생에게 있어서 공부란 제일 중요한 이유 중 하나입니다."와 같이 도입을 시작하는 것이다. 이런 것이 뻔한 말이며 그래서 불필요하다.

자소서는 다음과 같은 느낌을 줄 수 있도록 써야 한다.

"나의 매력에 대해서 쓸 말, 해야 할 말이 무척 많은데 최대한 줄이고 줄인 게 이 3쪽입니다."

그래야 평가관이 자소서를 읽으면서 자소서에 서술한 것, 그 이상을 기대하고 상상하게 된다.

그러기 위해서라도 불필요한 말들을 빼야 한다. 불필요한 말들이 많으면 평가관은 이렇게 생각한다.

'이 학생이 어필할 매력도 없고 할 말도 없어서, 이렇게 불필요한 말들을 많이 늘어놓았구나.'

대표적으로 불필요한 말들은 고등학교 입학 전 이야기를 과도하게 쓰는 경우다. 자소서는 고등학교 재학 기간 중 활동을 서술하는 것이 원칙인데 여기에 초등학교, 중학교 때 경험이 많이 들어가선 안 된다.

또 학생 본인과 무관한 이야기를 많이 쓰는 것도 대표적인 불필요한 사례다. 도입의 사전 설명이 너무 길거나 심지어 타 학생, 타 활동과 비교하기 위해 자기 활동만큼이나 타 활동에 대한 이야기를 써놓는 경우도 있다.

명언 등 독특한 말들로 이야기를 시작하는 경우가 있는데, 이때도 도입은 무조건 짧아야 한다.

: 오탈자와 맞춤법을 점검하라 :

자소서는 글쓰기 실력을 평가하지 않으며 글쓰기 실력이 없어도 자소서를 쓰는 데 아무런 문제가 없다고 말했다. 그래서 문장이 조금 부자연스럽고, 흐름이 어색하고, 주술 관계가 다소 애매하고 이런 것은 괜찮다.

감점 요인은 아니다.

다만 맞춤법과 오탈자는 다르다. 맞춤법은 고등학교 국어에서 충분히 배운다. 어려운 맞춤법은 틀릴 수 있지만 너무 쉬운 맞춤법을 틀리면 기초 교양이 부족해 보인다. 평가관에게 좋지 않은 인상을 줄 수 있다.

오탈자가 많으면 더 심각하다. 한두 개 정도는 괜찮겠으나, 겨우 3쪽 분량에 오탈자가 많다면 무척 성의 없게 느껴진다. 글쓰기 실력은 없어도 되지만 오탈자와 맞춤법만큼은 점검을 하자.

예를 들어 '몇일'이 아닌 '며칠'이 맞는 표현이고, '금새'가 아닌 '금세'가, '역활'이 아닌 '역할'이 옳은 표현이다. http://speller.cs.pusan.ac.kr/ 자동 맞춤법 검사 사이트를 활용하는 것도 좋은 방법이다.

: 제발, 동문서답하지 마라 :

자소서 문항은 공통문항 3개, 혹은 자율문항 1개를 추가한 4개다. 대학의 질문과 학생의 답변으로 자소서는 구성된다. 그러면 우선 대학의 질문을 잘 읽어야 된다. 그런데 의외로 많은 학생들이 문항 질문을 제대로 읽지도 않고 글을 쓴다. 그러다보면 동문서답이 나온다.

대학이 원하는 것은 A인데, 학생은 B를 얘기하게 된다. 자소서 질문을 꼼꼼히 읽는 것은 기본이다.

예를 들어 1번 문항은 〈학업에 기울인 노력과 학습 경험〉에 대해 써야 한다. 꼭 국어, 수학 같은 교과 공부만 한정되는 것은 아니다. 논술대회 참가 경험, 수행평가 경험 등 폭넓은 학습 및 학업 경험을 쓸 수 있다. 그런데 이를 벗어나, 아예 학습적인 경험과는 다소 거리가 먼 활동 경험을 쓰는 경우도 있다.

대표적으로 학습과 학업이 아닌 봉사활동, 동아리활동을 통해 추상적인 '인생의 배움'을 얻었다고 쓰는 경우다. 문항을 제대로 읽고 이해하지 못한 것이다.

○ chapter 10 ○

실전 자소서 1번 문항, 학업 능력과 발전 가능성을 보여라

문항 분석

1. ① 고등학교 재학 기간 중 ② 학업에 기울인 노력과 학습 경험에 대해 ③ 배우고 느낀 점을 중심으로 기술해주시기 바랍니다.(1,000자 이내)

① 시기 : 고등학교 재학 기간 중

동문서답하지 않으려면 질문하는 바를 꼼꼼히 읽어야 한다. '고등학교 재학 기간 중'이라고 명시되어 있다.

초등학교, 중학교 때 이야기를 써서는 안 된다. 물론 중학교 때 이야기를 쓴다고 해서 감점이 되는 것은 아니다. 이야기 흐름을 위해서 꼭 필요하다면, 한두 줄 언급하는 것은 괜찮다. 다만 그 시절 이야기가 중점이 돼선 안 된다.

"고등학교 도서관동아리뿐만 아니라 중학교 때도 도서관 사서도우미를 맡을 정도로, 저는 어릴 적부터 책을 즐겨 읽었습니다. 그런 만큼 국어 과목만은 자신이 있었습니다."

이 정도는 괜찮다. 중학교 이야기가 국어 학습 경험을 시작하기 위한 양념 수준에 그치기 때문이다.

하지만 중학교 때 학습 경험을 2줄 이상 과하게 할애하면, 이는 글자 낭비다. 게다가 자소서 문항에 분명 '고등학교 재학 기간 중'이라 명시되어 있음에도 중학교 이야기를 과도하게 쓴다면, 1번 문항부터 좋지 못한 인상을 주게 될 것이다.

② 소재 : 학업에 기울인 노력과 학습 경험

'학업에 기울인 노력과 학습 경험'은 1번 문항의 주제다. 말 그대로 학업에 어떤 노력을 기울였는지 학습 경험을 기술해야 한다.

잘 생각해야 할 것은 '학업'이 무엇이냐는 것이다. 보통 학업이라 하면 단순히 학교 교과 공부만을 생각하지만 꼭 그것만은 아니다. 여기에서 학업은 보다 넓은 의미다. 학교수업 공부, 자습 공부, 교과서 범위 이상으로 심화 탐구한 공부, 심지어 아예 교과목이 아닌 공부, 전공 공부까지 학업의 범위에 들어간다.

③ 내용 : 배우고 느낀 점을 중심

분명 문항에서는 배우고 느낀 점을 '중심으로' 쓰라고 했다. 또 앞에서부터 배우고 느낀 점은 대략 1,000자 중 학습 경험한 사실을 기술하는 게 700자라면, 배우고 느낀 점이 300자 정도는 돼야 한다고 강조했다.

그러나 1번 문항은 다소 예외다. 1번 문항은 분명 배우고 느낀 점을 중점으로 기술하라고 명시하고 있다. 하지만 실제로 합격 자기소개서들의 패턴을 보면 배우고 느낀 점보다는 전공과 관련해 무엇을 공부했는지, 그리고 어떻게 학습했는지를 더 보는 추세다.

1번만큼은 감상도 신경을 쓰되, 그보다는 학업 내용과 과정에 더 초점을 둬야 한다.

: 소재는 1개 아니면 2개다 :

1번 문항의 분량은 1,000자 이내다. 최소 900자 이상은 써야 한다. 물론 990자를 쓴 학생이 950자를 쓴 학생보다 높은 점수를 받는 것은 절대 아니다. 쓸 내용이 없는데도 무리하게 글자를 늘릴 이유는 없다.

1번의 경우에 소재 1개를 집중해서 1,000자를 모두 채우는 방법이 있고, 소재 2개를 정해서 500자, 500자씩 나눠 쓰는 방법이 있다. 전자는 하나의 소재를 심도 있게 다룰 수 있고, 후자는 두 개의 경험을 넓게 보여줄 수 있다. 소재를 1개를 쓸지, 2개를 쓸지는 잘 생각해봐야 한다.

1개만 써도 될 만큼 이야기가 많고 느낀 점과 배운 점이 풍부하면 1개를 심도 있게 쓰는 게 좋다. 반면 그 정도로 강렬한 소재가 없고 배운 점과 느낀 점 등이 부족하다 싶으면, 혹은 좋은 소재가 많다면, 소재를 2개 씀으로써 활동의 다양성을 보여줄 수 있다. 소재를 3개를 쓰면 안 되는 건 아니지만 그러면 너무 깊이가 없이 난잡하니, 그것은 권하지 않는다.

소재 찾기

: 성적이 향상된 과목을 선택하라 :

1번 문항에 쓸 수 있는 소재를 하나씩 알아보자. 우선, 성적이 향상된 과목에 대해 쓰는 것이다. 가장 무난하지만 그만큼 눈에 잘 띄지 않는 소재이기도 하다.

예를 들어 과목 중에 1학년 때 성적이 5등급이었는데 2학년 때 1등급으로 오른 과목이 있다면, 어떻게 자기가 의지를 갖고 공부했는지 쓸 수 있다. 그리고 이 과정에서 느끼고 배운 바를 쓰면 된다.

단, 다들 많이 쓰는 소재이므로 학습 과정에서의 독특함이 있어야 한다.

[좋은 사례]

1학년 때 국어 과목이 6등급이었습니다. 독서를 나름 좋아하고 중학교 때는 국어 성적도 높았는데 성적이 낮아 무척 실망이었습니다. 이는 사실 제가 앓고 있는 질병이 있어서였는데, 건강으로 인한 성적 부진을 더 이상 겪지 않기 위해 방과 후 '국어캠프'를 들었습니다. 저는 유독 시와 소설 문학 쪽이 부족했는데, 선생님께선 저희들로 하여금 직접 시를 쓰게 하고 이를 가지고 스스로 모의고사와 같은 문제를 만들어내라고 했습니다. 여기에 답을 정하고 또 해설까지 쓰라는 과제를 내줬습니다.

다른 사람의 입장이 돼서 생각해보라는 역지사지라는 사자성어가 있습니다. 항상 문제를 풀기만 하던 입장에서, 시인의 입장이 되고 출제자의 입장이 돼 보니, 시험문제 출제가 이해가 되고 왜 시인들이 시를 쓰고 이렇게 해석을 하는지 기본적인 이해가 잡히기 시작했습니다. 기본이 되니 이후에는 실력이 차츰차츰 성장됨을 느꼈습니다. 이렇게 노력한 결과 2학년 때 국어 성적 2등급을 받을 수 있었습니다.

▶ 성적이 6등급에서 2등급으로 많이 향상되었다. 공부법도 특이해서 눈길을 끈다.

: 과목을 심화 탐구한 경험을 써라 :

지원 전공과 관련된 과목을 선택할 수도 있다. 이 경우에 앞의 소재처럼 성적이 드라마틱하게 향상되는 흐름을 보여줄 필요는 없다. 그보다는 성적이 꾸준히 높으며, 과목에 대한 이해와 관심이 높다는 것에 주목해야 한다.

화학공학과를 지원하는 학생이라면 화학 성적이 적어도 3등급 이상은 돼야 한다. 이때는 앞의 경우와 달리 성적을 어떻게 향상시켰는지 공부법이 아니라, 심화 탐구한 경험을 써야 한다.

시험에 나오지 않는 내용인데도 불구하고 지적 호기심으로 인해 깊이 탐구한 과정을 기술하는 것이다.

[좋은 사례]

경제 시간이었습니다. 수행평가로 발표수업을 해야 하는데 주제가 경제학자 한 명을 정해서 그 이론을 소개하고 발표하는 것이었습니다. 저는 《21세기 자본》으로 전 세계에 돌풍을 일으켰던 토마 피케티를 소개할 인물로 했습니다. 《21세기 자본》을 짧게 요약한 신문 기사를 스크랩하고, 마침 《21세기 자본》을 쉽고 짧게 설명한 개론서가 있어서 개론서도 정독했습니다. 그 과정에서 경제 시간에 배우지 않았지만 오히려 더 중요하다고 할 수 있는 경제 사실들이 많다는 것을 깨닫게 되었습니다.

특히 단순히 수요와 공급 이론만으로 경제가 돌아가지 않음을 깨달았습니다.

최저임금 논쟁에 대한 이해에도 도움이 되었고, 진정한 공부란 무엇인지 깨달았습니다. 특히 경제학은 교과서 밖에도 무척 많은 이론이 있고, 공부할 것이 많다는 생각이 들었습니다.

▶ 경제학과와 경영학과를 비롯한 상경계열을 지원한 학생에게 적합한 자소서다. 경제수업 때 배우지 않는 토마 피케티의 《21세기 자본》을 읽었다는 것에서, 경제에 대한 깊은 관심과 이해를 보여준다.

: 독서활동상황을 활용하라 :

교과목이 아닌 독서활동상황을 활용하는 것도 한 방법이다. 독서활동상황에 기재한 책 한 권을 골라 그 책을 왜 읽었고, 어떻게 이해했으며, 무엇을 배우고 깨달았는지 쓰는 것이다.

물론 책의 분야는 전공과 관련된 분야이어야 한다. 신문방송학과를 지원한 학생이 식품영양학에 관한 책을 읽은 경험을 쓰는 것이 도움이 되기는 힘들 것이다. 신문방송학과와 관련된 책이어야 한다.

[좋은 사례]

1학년 때 국어 시간에 한시를 공부했는데, 읽으면서 문제풀이 지문 이상의 깊은 감동을 받았습니다. 그래서 그날 한시를 조금 더 읽어보고 싶다는 생각이 들어 인터넷 서점에 들어가 한시를 소개한 책을 찾아봤습니다. 많은 책들이 있었는데 그중 김용택 시인이 쓴 《한시 산책》을 읽었습니다. 짧지만 강렬한 한시도 있고 김용택 시인의 작품 감상도 있어서 이해하는 데에도 도움이 되고, 오늘날 시인이 현대적인 시각으로 설명해주니 더 현실적으로 다가왔던 것 같습니다.

가장 인상 깊었던 시는 당나라 이태백이 쓴 〈여산폭포를 바라보며〉입니다. 절벽에서 낙하하는 폭포를 은하수에 비유하는 것에서 무척 시원함을 느꼈습니다. 어떻게 폭포를 은하수에 비유할 수 있을까 아이디어에 감탄했고, 시를 보는 것만으로도 그림이 아닌데도 마치 폭포 옆에 와 있는 듯한 시원함을 경험했습니다. 한시의 힘을 느낀 순간이었습니다. 현대시는 이러한 면들이 없는데, 이 같은 한시의 장점을 현대시에 적용하는 시를 써보면 좋겠다고 생각했습니다.

▶ 문예창작학과를 지원한 학생의 자소서다. 국어 시간에 배우는 한시가 매력적이어서 한시 책을 구입해 읽은 이야기를 썼는데, 마지막 문장에 가서 전공인 문예창작학과와도 연결되는 게 장점이다.

: 교내대회 경력을 써라 :

교내대회 경력을 쓰는 것도 좋은 소재다. 수상했다면 가장 좋고 비록 상을 받지 못했더라도 준비하고 공부한 과정을 잘 녹여낸다면 괜찮은 소재가 된다. 아무래도 이 역시 전공과 연관이 있는 주제이어야 좋다.

[좋은 사례]

교내 '자기주장 발표대회'에 참가해 우수상을 수상했습니다. 저는 '공교육의 문제는 무엇인가'라는 주제를 발표했습니다. 현재 교육의 문제점의 근본 원인이 대입 제도에 있다고 저는 보았습니다. 사교육을 받지 않고도 대학을 갈 수 있도록 학교에서 대입을 준비하는 것도 공교육의 한 역할이지만, 그로 인해 공교육 자체가 사교육화가 되는 현실을 먼저 지적했습니다. 그리고 대안을 모색하기 위해 프랑스 바칼로레아를 긍정적인 사례로 제시했습니다.

그렇다고 프랑스 제도를 맹목적으로 따라가야 하는 것은 아니고, 여러 선진국의 모범 사례를 참고해서 우리 현실에 맞는 새로운 대입 제도를 만들어야 함을 주장했습니다. 발표 전에 미리 발표 안을 짜고 이를 바탕으로 약 30명의 청중을 대상으로, 제 주장을 펴는 과정이 마치 교사의 교안 작성과 비슷하다고 생각했습니다. 발표대회를 통해 자신감이 생겼고, 또 발표 후 피드백에서 시선 처리, 동작, 목소리 등 앞으로 교사로서 갖춰야 할 많은 걸 배울 수 있었습니다.

▶ 사범대, 교대를 지원한 학생의 자소서다. 발표 주제를 교육 이슈로 선택함으로써 교사와 교육에 대한 관심이 잘 나타난다. 자연스럽게 자신의 교육관까지 드러내고 있다.

글 포인트

: 불필요한 이야기는 빼라 :

자소서는 분량이 많지 않으므로, 불필요한 말들은 되도록 넣지 말아야 한다. 불필요한 말이란 누구나 다 아는 뻔한 말, 이야기하고자 하는 주제와 관련이 없는 말이다.

글에 불필요한 말들이 많으면 평가관이 피곤함을 느낀다. 자소서의 질도 낮아 보인다. 특히 첫 문장을 잘 써야 한다는 강박 탓인지 주로 도입부에 불필요한 말들이 많다.

그러나 상기하듯이, 첫 문장은 평가관이 한눈에 활동과 주제를 알아보기 쉽도록 간략하게 활동명을 쓰는 것이면 충분하다.

[나쁜 사례]

학교는 배우기 위해서 오는 곳입니다. 단순히 부모님이 가라고 해서나 친구들이 좋아서 오는 곳이 아닙니다. 물론 친구와 관계를 쌓는 것도 중요하지만 학교의 가장 큰 목적은 아닙니다. 그렇기에 학교의 꽃은 수업입니다. 수업 때 배우는 새로운 앎들이 제 지적 호기심을 만족시키며, 수업을 통해 더 공부할 책들을 찾아 읽기도 합니다.

특히 저는 영어를 가장 좋아합니다. 영어야말로 세계화의 기반이 되는 국력이 되기 때문입니다. 1학년 1학기 때 제 성적은 3등급이었습니다. 나쁘진 않지만 결코 좋다고도 할 수 없는 점수였습니다. 저는 영어 성적을 끌어올리기 위하여 매일 영단어를 50개씩 외웠습니다. 문법 공부를 위해 여러 권을 읽기보다는 영어 선생님께 한 권을 추천 부탁드려서 읽고 또 읽었습니다. 주말에 휴식을 취할 때도 될 수 있는 한 미국 드라마 〈멘탈리스트〉를 봤습니다.

그렇게 열심히 공부한 결과 2학기 때 1등급이라는 성과를 이뤘고, 줄곧 1~2등급을 이뤘습니다.

▶ 불필요한 말들로 글을 시작하고 있다. 학교의 목적이 배움인 것은 당연하다. 주제가 영어인 것을 고려해도 이 말을 굳이 들어가야 할 이유는 없다. "영어는 한국의 세계화를 이끄는 통로입니다."나 "저는 영어를 가장 좋아합니다." 정도로 시작하면 충분하다.

: 사교육은 절대 넣지 마라 :

사교육의 도움을 전혀 받지 않는 학생은 많지 않다. 많은 학생이 학원과 과외, 사설 인터넷 강의의 도움을 받는다. 그러나 자소서에는 사교육 경험을 절대 넣어선 안 된다. 실제로 사교육을 통해 성적이 향상되었더라도 말이다.

이야기의 흐름을 위해 사교육 이야기를 꼭 넣어야 하는 경우에도 공교육인 학교에서 있었던 일, 아니면 자율학습 경험으로 대체하자.

[나쁜 사례]

저는 3학년 때 교내 영시쓰기대회에 참가해 최우수상을 수상하는 성과를 얻었습니다. 사실 수능을 준비해야 할 3학년이 영시쓰기대회를 참석하는 것에 대한 부담이 있었습니다. 시라는 것은 단번에 써지는 게 아니고 많은 생각을 하고 고민을 해야 탄생하는 것이기 때문입니다. 그것도 영어로 써야 하니 이중의 일이었습니다.

그래도 이번에 저는 영시를 도전해보고 싶었습니다. 영시를 쓰기 위해 알아보니 그동안 배운 일반 문법과는 다르다는 걸 알게 되었습니다. 영시 특유의 함축적이고 관용적으로 쓰이는 사례들을 읽고, 'longing is long'(그리움은 길다)이라는 제목의 시를 썼습니다. long이 길다는 뜻과 동시에 그리워하다라는 뜻이 있음을 주목해서 썼습니다. 돌아가신 할머니에 대한 그리움을 담은 시였습니다.

시를 쓰는 과정에서 학원 영어 선생님이 대학교 때 영문학을 전공하셔서 선생님께 조언도 받을 수 있었습니다. 평소에 문제풀이 수능 영어를 가르쳐주실 때와는 다른 열정적인 모습이었습니다. 영시를 쓰고, 영문학을 전공한 선생님의 또 다른 모습을 보면서 저도 영문학에 대한 열정을 키울 수 있었습니다.

▶ 영시쓰기대회에 참가한 경험이 나름 독특하고 결과도 우수하다. 그런데 '학원 선생님' 운운은 빼는 게 좋다. 이 경우 사교육을 조장하는 것도 아니고, 단지 영문학을 전공한 사람으로서 언급됐을 뿐이지만 그래도 없는 편이 낫다.

: 전공을 향한 열정을 드러내라 :

1번 문항은 되도록 전공과 연결 지을 수 있는 학업 노력을 선택해야 한다. 글에서 전공에 대한 지적 호기심과 열정이 드러나도록 해야 한다. 읽는 이로 하여금, '전공을 향한 관심이 투철한 학생만이 할 수 있는 행동과 감상이구나'가 느껴지도록 해야 한다.

전공이 속한 계열도 괜찮다. 전기공학과에 지원한 학생이라면, 가장 좋은 것은 '전기공학과를 지원한 학생답다'는 느낌을 주는 것이지만 '이공계열을 지원한 학생답다'는 느낌만 줘도 좋다.

[좋은 사례]

교내 환경 글쓰기대회에 지원해 장려상을 수상했습니다. 환경에 대해서 어떤 내용을 쓸까 고민하던 중 저는 책을 비평하는 게 좋겠다는 생각이 들어, 레이첼 카슨이 쓴 《침묵의 봄》을 비평했습니다. 보통 독후감은 요약하고 느낀 점을 위주로 쓰는데 저는 그렇게 하지 않고 비판적인 시각에서 책을 이야기했습니다. 《침묵의 봄》은 과학기술에 대한 현대사회의 맹신을 비판하는데 저는 그 점이 잘못이라고 지적했습니다. 이미 과학기술 시대가 되었는데 과학기술을 무시해서는 환경문제를 해결할 수 없고, 차라리 과학기술을 더 긍정적인 방향으로 개발해야 한다고 했습니다. 레이첼 카슨이 쓴 문제점은 공감하지만 해결 방법이 잘못되었다는 것입니다. 그래서 높은 상은 아니지만 장려상을 수상할 수 있었습니다. 비판하는 능력을 키울 수 있었던 제게는 무척 유익한 활동이었습니다.

▶ 전기공학과를 지원한 학생의 자소서다. 위 학생의 경우 전공 이름도 언급하지 않지만, 전공에 대한 관심이 드러나는 독특한 자소서다. 보통 고등학생이 환경 분야의 세계적 명저를 비판할 생각을 가지기는 쉽지 않다. 그런데 이 학생은 과학기술의 중요성을 이야기하면서 책을 비판하고 있다. 이공계열에 관심과 애정이 깊은 학생만이 생각해낼 수 있는 글이다. 다만 하나 아쉬운 점을 지적하자면, 끝부분에서 전기공학과 환경문제에 대한 연결을 조금 더 강조하지 못한 것이다. 이 점을 보완하면 더 매력적인 자소서가 될 것이다.

: 다른 사람이 아닌, 나의 의견을 주장하라 :

1번 문항만큼은 느낀 점과 배운 점에 구애받지 말자. 그렇다고 딱딱하게 사실만 나열하는 것이 능사는 아니다. 그보다는 나의 의견을 주장하는 게 좋다.

보통 느낀 점과 배운 점은 '나' 개인에게 초점을 맞춘다. 학습 경험을 통해 내가 변화한 사적인 내용을 서술한다. 반면 의견을 주장한다는 것은 공적인 주장을 제시하는 것이다.

[좋은 사례]

저는 정치와 법 시간에 배운 헌법에 관심이 가서 헌법을 더 공부했습니다. 헌법 전문을 읽은 것은 물론, 고등학생인 제 입장에서는 아무래도 헌법 중에서도 헌법교육에 더 관심이 가서 헌법교육에 관한 논문을 찾아 읽었습니다. 제가 알아본 결과, 헌법교육은 학교교육과 성인교육으로 구분됩니다. 학교교육은 초·중·고등학교에서 학생들에게 헌법을 교육하는 것이고, 성인교육은 문화센터, 연수원, 강연 프로그램 등을 통해 성인들에게 헌법을 교육하는 것을 의미합니다. 이중 절실히 요구되는 것은 학교에서의 헌법교육입니다.

지금은 정치와 법 시간을 통해 고등학교 때 헌법을 조금 배울 뿐인데, 이조차 정치와 법을 과목으로 선택하지 않는 학교가 많습니다. 그런데 어려서부터 헌법을 깊이 공부해야 헌법 지식이 쌓이는 것 이상으로 헌법정신이 생길 수 있다고 생각합니다. 헌법에는 인권, 평화, 인류애 등 민주시민으로서 갖춰야 할 정신이 모두 구비되어 있습니다. 저는 이러한 개인적 탐구를 통해 '헌법'이라는 과목을 필수 과목으로 가르쳐야 한다고 생각했습니다.

▶ 이 학생은 수업 시간에 배운 헌법을 심화 탐구했다. 헌법교육이라는 분야를 특정해 공부했고, 이를 통해 헌법을 필수 과목으로 지정해야 한다고 주장한다. 법학과를 비롯한 사회계열 지원 자소서로서 훌륭하다.

○ chapter 11 ○

실전 자소서 2번 문항, 전공을 향한 충성심을 드러내라

문항 분석

2. ① 고등학교 재학 기간 중 ② 본인이 의미를 두고 노력했던 교내활동을 ③ 배우고 느낀 점을 중심으로 3개 이내로 기술해주시기 바랍니다.(② 단, 교외활동 중 학교장의 허락을 받고 참여한 활동은 포함합니다.) (1,500자 이내)

① 시기 : 고등학교 재학 기간 중

1번 문항과 같다. 동문서답하지 않으려면 질문하는 바를 꼼꼼히 읽어야 한다. '고등학교 재학 기간 중'이라고 명시되어 있다. 반드시 고등학교 때 활동을 적어야 한다. 아무리 좋은 사례라도 초등학교나 중학교 때 이야기를 쓰면 안 된다.

N수생도 마찬가지다. 간혹 고등학교 졸업 이후의 이야기를 쓰는 수험생이 있는데, 절대 안 된다.

② 소재 : 본인이 의미를 두고 노력했던 교내활동(학교장의 허락을 받은 교외활동 포함)

본인이 의미를 두고 노력했던 교내활동인데 이는 '전공과 관련된' 교내활동, '점수가 될 만한' 교내활동이라고 생각하면 된다. 특히 전공과 연결 짓는 게 중요하다. 전공 관련 활동은 2번 문항, 전공 외 활동은 3번 문항에 적는 게 적절하다.

학생부에 기록된 교내활동만 적어야 한다. 다만 해당하는 활동이 학생부에 적혀 있는 분량은 상관없다. 가끔 학생부에 길게 기록된 활동이 좋다고 착각하는 학생이 있다.

그러나 문항이 요구하는 것은 '본인이 의미를 두고 노력했던' 활동이다. 학생부에 한두 단어만 언급되어 있다고 마이너스가 되거나, 선생님이 많이 적어줬다고 플러스가 되지 않는다.

또한 학교장의 허락을 받은 교외활동은 기술이 가능하다. 보통 해당 교육청에서 진행한 프로그램 등이 이에 해당한다. 이 부분은 확실히 해야 하므로, 교외활동의 경우에 담임 선생님께 물어봐서 정확하게 확인을 받도록 하자.

③ 내용 : 배우고 느낀 점을 중심

자소서 문항에서 이처럼 '배우고 느낀 점을 중심으로' 쓰라고 강조하는 이유는 워낙 학생들이 배우고 느낀 점을 간과하기 때문이다. 심지어 배우고 느낀 점은 아예 빼먹고 학생부의 기록을 그대로 옮겨 적는 경우도 있다. 학생부의 기록을 그대로 옮겨 놓는다면, 굳이 자소서가 있어야 할 이유가 없다.

그렇다고 배우고 느낀 점을 너무 많이 쓰는 것도 곤란하다. 실제로 배우고 느낀 게 많고 또 매력적으로 느껴질 만한 감상이라면 많이 써도 괜찮다. 그런데 평범한 감상을 억지로 미사여구를 써서 늘여 놓으면 마이너스가 된다. 배우고 느낀 점을 '중심으로' 쓰라는 말은 배우고 느낀 점을 간과하지 말라는 뜻 정도로 읽으면 되겠다.

: 소재는 1개, 2개, 3개다 :

활동은 3개 이내로 기술할 수 있다. 1번 문항이 1,000자 제한인 것과 달리, 2번 문항은 1,500자까지 쓸 수 있다. 따라서 활동은 1개를 써도 되고 2개, 3개를 써도 되지만 2개 아니면 3개를 쓰는 게 정석이다.

정해진 답은 없지만, 1번 문항에서는 1개 활동을 깊이 있게 다루어주고, 2번 문항에서는 3개 활동을 다양하게 피력하는 것을 추천한다. 하지만 내세울만한 활동이 없다면 2개만 쓰고, 느낀 점과 배운 점에 초점을 맞추는 게 낫다.

참고로 3개를 쓸 경우에는 전공과 관련한 활동이 2개는 들어가야 한다.

소재 찾기

: 진로활동을 주목하라 :

2번 문항 중 하나로 진로활동을 쓸 수 있다. 학생부의 진로활동 기록에서 쓸 만한 기록을 찾아보자. 긴 기간 동안 활동했거나, 남들과 달리 특이하거나, 혹은 쓸 이야기가 많은 활동이 좋은 소재가 된다.

진로활동을 소재로 쓸 경우에 전공과 직결시킬 수 있다는 장점이 있다. 본인이 얼마나 전공에 대한 관심이 높은지 직접적으로 보여줄 수 있다.

[좋은 사례]

1학년 때 저는 진로활동으로 장애인 인권단체로 현장 견학을 갔습니다. 저처럼 사회복지학과를 지원하는 학생이 많았는데, 진로 선생님께서도 학교 근처 복지시설을 추천해주셨고, 다른 친구들도 복지시설을 가는 게 좋겠다고 했습니다. 그러나 저는 복지시설은 이미 봉사활동으로 많이 가봤기에 복지시설을 또 가는 것이 큰 의미가 없을 것이라고 생각했습니다. 또 시설 바깥에 계신 장애인 당사자들의 목소리에 귀를 기울이는 것도 좋겠다고 생각했습니다.

그래서 저는 장애인인권단체를 방문했고, 그곳 사무처에 일하시는 장애인이자 인권활동가이신 선생님으로부터 장애인등급 제도나, 장애인 내에서의 차별, 현행 복지 제도의 문제점 등 그동안 복지시설 봉사활동에서는 생각하지 못했던 이야기들을 들을 수 있었습니다. 사회복지사의 막중한 책무를 깨달았고, 또 복지 이상으로 인권, 사회 등 많은 걸 공부해야 한다는 것을 깨닫는 소중한 시간이었습니다.

▶ 진로활동을 소재로 삼아서 전공과의 연관성을 강조했다. 흔히 떠올리는 복지시설이 아닌, 인권단체를 찾아간 것이 눈에 띈다. 그만큼 전공에 대한 열정이 드러난다.

: 동아리활동 경험을 살려라 :

동아리활동은 2번 문항의 단골 소재다. 보통 동아리는 장기간 활동하기 때문에 아무래도 쓸 내용이 풍부하다. 다만 2번 문항은 될 수 있는 한 전공과 연결시켜야 한다. 전공과 전혀 연관성이 없는 동아리라면 빼거나 혹은 3번 문항에서 다루는 편이 좋다.

보기에 동아리명은 전공과 관련이 없더라도, 실제 활동을 전공과 연결시킬 수 있다면 괜찮다. 물론 너무 인위적인 연결은 삼가야 한다.

[좋은 사례]

문예 부원으로 참여했던 2학년 시화전이 기억에 납니다. 역할을 각자 분담했는데 행사를 홍보하는 역할을 맡았습니다. 저는 어플을 개발했습니다. 어플 시화전을 만들었습니다. 어플에 접속해 저희 자작시를 클릭하면 그림 및 사진과 함께 어울리는 음악이 자동으로 재생될 수 있도록 했습니다. 여태껏 시화전을 문예부동아리 내에서만 진행한 탓에 지인이 아닌 학생들의 방문율이 많이 낮았습니다. 그런데 이렇게 어플을 제작해 학교 공지사항에 다운받을 주소를 올려놓았고, 홍보 역시 카톡을 통해 친구들에게 어플을 알려주는 식으로 진행했습니다.

이에 실제 시화전에 온 학생들보다 3배 많은 학생들이 어플 시화전에 접속했고 감상 댓글을 달았습니다. 저번 학기보다 훨씬 많은 학생들이 시를 감상했고 또 댓글까지 달았다는 사실에 부원들도 무척 기뻐했습니다. 소프트웨어의 힘을 실감한 순간이었습니다.

▶ 소프트웨어학과를 지원한 학생의 자소서다. 문예부와 소프트웨어는 서로 관련이 없어 보이는데, 이를 잘 연결시켰다.

: 수행평가도 좋은 소재다 :

수업 시간에 한 조별활동이나 수행평가도 괜찮은 소재다. 다만 이 역시 전공과 관련이 있어야 한다. 물론 지원 전공과 수업 과목이 유사하지 않아도 괜찮다. 수행평가 내용에서 연결성이 있으면 된다.

단, 수행평가는 교사에 따라 학생부 교과학습발달상황 칸에 구체적인 활동을 자세히 적어주는 경우가 있고, 주제 정도만 적어주는 경우가 있다. 아니면 그조차 적어주지 않은 경우도 있다.

이중 무엇이든 상관없다. 다만 학생부의 수행평가 항목 서술을 잘 읽어서, 되도록 학생부 서술과 자소서가 모순되지 않도록 써야 한다.

예를 들어 국어 수행평가로 '통일을 찬성한다'라는 보고서를 제출했다고 학생부에 기록됐는데, 나중에 자기 가치관이 바뀌었다고 해서 자소서에 '통일을 반대한다'고 쓰거나, 아예 다른 주제로 바꿔선 안 된다.

[좋은 사례]

한국사 시간에 역사 인물을 조사해서 5분 동안 발표하는 수행평가가 있었습니다. 저는 역사 인물로 광해군을 조사했습니다. 정치외교학에 관심이 많은 저에게 가장 인상 깊은 인물이었기 때문입니다. 광해군은 정치에서도 대동법 등을 실행해 백성들의 부담을 줄였고, 외교적으로도 청나라와 명나라 사이에서 약소국인 조선을 지켜낸 임금이기 때문입니다. 하지만 결국 광해군은 폐위됐다는 점에서 실패한 군주이기도 합니다.

저는 이 실패 경험에 주목해 조사했습니다. 그리고 타이틀을 '외교에서 이기고 정치에서 패배한 비극의 군주, 광해군'이라고 발표했습니다. 정치학과 외교학을 엮는 것에 대해 다른 나라와의 비교를 통해 정치외교학과 존립에 대한 의문을 품는 시선도 있습니다. 하지만 광해군의 사례를 통해 정치학과 외교학은 꼭 함께 배워야 한다고 주장함으로써, 정치외교학에 대한 존립을 옹호하는 발표를 했습니다. 사실 발표 이전에는 막연히 광해군에게 관심이 있었을 뿐, 이러한 사실을 인지하지는 못했습니다. 그런데 발표를 함으로써 저 스스로도 알지 못했던 것을 알게 되었고, 정치외교학에 대한 중요성을 더 알고 관심을 더 갖게 되는 계기가 되었습니다.

▶ 한국사 수행평가를 지원 전공인 정치외교학과 잘 연결시켰다. 특히 광해군의 업적을 통해 정치외교학의 학문적 성격을 옹호한 점이 인상 깊다.

⁝ 교내대회 참가 내용을 써라 ⁝

1번 문항과 마찬가지로 2번 문항에도 교내대회 참가 내용을 써도 된다. 물론 1번에 쓴 활동을 2번에 다시 쓰는 건 안 된다.

교내대회의 내용이 전공이나 계열과 관련이 있다면 가장 좋겠지만, 전공과는 무관하더라도 수상 실적이 높거나, 혹은 내용과 느낀 점이 매력적이라면 써도 괜찮다.

[좋은 사례]

저는 통일글짓기대회에 '문학의 통일을 시작하자'라는 글을 써서 우수상을 받았습니다. 홍명희, 정지용, 백석 등 많은 소설가, 시인, 작가들이 북한에서 생을 마감했습니다. 남북의 대표 작가들을 함께 추모하는 사업을 만들고, 작품을 함께 읽는 것에서 통일을 시작하자는 글을 썼습니다.

그다음에는 현재 활동하는 작가들의 문학 작품을 교류하자고도 썼습니다. 예를 들어 홍명희의 손자인 홍석중은 현재 북한에서 활동하는 작가인데, 그 작품을 우리 남한의 교과서에서 다루고 읽는 것입니다. 이런 글을 쓰면서 저는 상 말고도 값진 성과가 있었습니다.

실제로 글을 준비하면서 홍석중의 소설을 읽었고 생각보다 무척 재미있었고, 문장들을 번역 없이도 읽을 수 있다는 점에서 한민족임을 새삼 깨달았습니다. 문학이 정말 중요하고 문학이 현실에 이렇듯 많은 영향을 끼칠 수 있다는 것을 알게 되었습니다.

▶ 국어국문학과를 지원한 학생의 자소서다. 글짓기대회에 참가하고 또 우수상을 받았으므로 글쓰기에 대한 관심과 실력이 드러난다. 또 주제 역시 문학을 다루고, 문학의 중요성을 말미에 느낀 점으로 제시함으로써 문학에 대한 관심이 한층 드러나는 좋은 자소서다.

글 포인트

: 전공과 연계하라 :

보통 1번 문항을 교과영역, 2번 문항을 비교과영역으로 구분한다. 그러나 이러한 구분은 별로 의미가 없다. 두 문항 다 핵심은 전공과 연계해야 한다는 것이다.

물론 2번 문항에 활동을 3개 기술한다면, 그중 1개는 전공과 무관해도 괜찮다. 그래도 나머지 2개만큼은 전공과 연결 지어야 한다.

[나쁜 사례]

1학년 체육대회 때 저희 반이 이어달리기 종목에서 전교 1등을 거두었던 것이 제게는 인상 깊은 활동입니다. 체육대회는 1학년과 2학년이 주축이 돼 즐기는 축제입니다. 저는 부반장으로서 저희 반 체육대회를 이끌었습니다. 특히 이어달리기에서 우승하기 위해, 체육대회 시작 3주 전부터 점심시간에 반 친구들을 모아 시합을 했습니다. 5명이 대회에 나갈 수 있는데, 혹시 모를 사태에 대비해 6명을 선발해 연습했습니다. 처음엔 바톤 터치할 때 바톤을 떨어뜨리기도 하고, 전해주는 과정에서 시간을 많이 소모했습니다. 달리기 실력은 단기간에 향상되기 어려우나, 이것만큼은 보완하기 위해 바톤을 주고받는 연습을 열심히 했습니다.

이 과정에서 저는 협동의 중요성을 깨달았습니다. 이어달리기는 서로를 탓하지 않고 믿어야 합니다. 삶도 이어달리기와 같은 게 아닐까 생각이 들었습니다. 혼자 살 수는 없고 그렇다면 어울려서 살아야 합니다. 제게는 잊히지 않는 유익한 시간으로 남아 있습니다.

▶ 교내 체육대회와 축제는 2번과 3번 문항의 단골 소재다. 하지만 정말 특이한 경험이 아니라면 추천하고 싶지 않은 소재다. 전공과 연관성이 없기 때문이다. 체대를 지원하지 않는 이상, 체육대회 경험이 그다지 좋은 평가를 받기는 힘들다.

: '나'를 강조하라 :

2번 항목을 쓸 때 흔히 실수하는 것이 있는데, 글에서 '나'가 빠지는 경우다. 단체 속 나의 활동을 써야 하는데, 그냥 단체활동을 나열하는 것이다. 글은 '자기소개서'인데 '단체소개'가 돼선 안 된다.

자기가 단체의 장을 맡았을 때도 물론이다. 동아리 회장이나 학생 회장을 맡아 동아리와 학생회를 이끈 학생들이 간혹 단체활동을 쭉 나열하는 실수를 저지른다. 설령 단체장이라도 내가 단체장으로서 어떻게 리더십을 발현했고, 무슨 활동을 기획했는지 나의 역할을 강조해줘야 한다.

단순히 활동을 소개하지 말고, 구체적으로 나의 역할과 일을 쓰자. 명심하자. 자기소개서의 주어는 항상 '나'다.

[나쁜 사례]

저는 교지편집부에서 활동해왔습니다. 교지편집부에서 가장 큰 일은 일 년에 한 번 발간하는 교지를 만드는 것입니다. 보통 교지는 교장 선생님 말씀, 선생님 인터뷰, 학교 구성원이 투고한 시와 단편소설, 사진 그리고 각 반 소개를 싣는 것이 교지의 목차입니다. 그런데 이러한 틀이 딱딱하여 저희는 조금 더 학생들에게 재미있게 다가갈 수 있는 요소들을 집어넣자고 아이디어를 모았습니다. 그래서 시와 소설 분량을 줄이고 대신에 웹툰을 넣었고, 게임 팁 같은 글도 투고를 받았습니다. 또 교지를 읽고 감상을 남기면 선별해서 문화상품권도 줌으로써 구독률을 높였습니다.

교지 담당 선생님께서는 올해 교지가 가장 재미있고 인기가 많다고 말씀해주셨습니다. 저도 무척 뿌듯했으며, 글이란 대중이 읽지 않으면 의미가 없으며 함께 참가할 때 의미가 있음을 느끼게 되었습니다. 이후에 후배들에게 재미있는 교지의 전통을 물려주게 되었고, 후배로서 배우기도 해야 하지만 동시에 선배로서 모범을 남겨야 함을 새삼 느낄 수 있었습니다.

▶ '나'의 활동이 아닌 단체의 활동을 기술하고 있다. 교지편집부에서 내가 무슨 아이디어를 냈고, 구체적으로 무슨 역할을 했는지를 서술해야 한다.

: 학생부 기록을 반복해 서술하지 마라 :

2번 문항은 학생부 기록을 토대로 써야 한다. 그런데 이 말을 잘못 해석하여 학생부에 있는 서술을 그대로 옮겨 적는 실수를 저지르기도 한다. 일부러 학생부 서술과 차별화하려 할 필요는 없지만, 그래도 옮겨 적어선 안 된다. 그것은 지면 낭비다. 한정된 지면을 가장 효율적으로 활용해야 한다.

학생부 기록은 대체로 무미건조하다. 그 자체로 좋은 글이라고 하기 어렵다. 상기하듯이 학생부 기록은 사실 증명을 위한 이력서다. 자기소개를 하라고 했더니, 건조하게 이력만 읊는 사람에게 과연 누가 매력을 느낄 것인가.

[나쁜 사례]

저는 2학년 때 반장으로서 학급반장 준비 하루캠프에 참여해 회사 컨설턴트 강사님으로부터 1교시 '민주주의 시대의 리더십' 교육을 받았습니다. 이를 통해 민주주의 사회에 어울리는 진정한 리더의 자격과 의미를 이해할 수 있었습니다. 또 2교시 '학생회 조직의 필요성'을 들으며 학생의 자발적 참여의 중요성을 그리고 3교시 '효율적인 회의 진행 방법'을 들으며 효과적인 의사결정 및 토의 방법을 익힐 수 있었습니다.

이후 발표 및 질의응답에도 적극적으로 참여해 배운 내용을 제 것으로 만들려고 노력했으며, 담당 선생님으로부터 좋은 평가를 받을 수 있었습니다. 짧은 시간이었지만 학교 리더로서 반장의 책무를 실감하고, 성실한 임원이 될 것을 다짐하는 뜻깊은 계기가 되었습니다.

▶ 학생부에 기록된 학급반장 준비 하루캠프의 활동을 사실상 옮겨 적었다.

자소서 공간을 낭비한 사례다. 감상을 더 주목하거나, 학생부에는 상세히 기록되지 않았지만 뜻깊었던 다른 세부활동을 적는 편이 낫다.

: 활동이 평범하면 감상으로 승부하라 :

학종 대비를 늦게 시작한 탓에 활동이 풍부하지 않은 경우가 있다. 아니면 활동은 더러 있지만 지극히 평범해 특색이 없는 경우도 있다. 이럴 때에는 느낀 점과 배운 점의 비율을 늘려야 한다.

그리고 활동 내용보다는 활동을 통해 느낀 감상으로 승부를 봐야 한다. 물론 감상이 양만 많아서는 안 된다. 전공에 알맞아야 한다.

[좋은 사례]

2학년 때 저는 진로수업 중 체험활동으로 지역 대학교의 실제 대학생들이 듣는 강의를 참관했습니다. 제가 들은 강의명은 '한국사의 이해'였습니다. 저는 고등학교에서 배우지 않은 역사 사건들과 인물들을 배울 것이라 짐작했지만, 강의 주제는 '우리가 배우고 있는 한국사를 누가 썼는가?'였습니다. 일제 강점기 때 한국인과 일본인들이 한국사를 쓰기 시작했고, 그때 대부분의 관점들이 형성됐다는 것이었습니다.

막연히 역사적 사실들을 많이 그리고 정확히 기억하고 기리는 것이 한국사라고 생각했는데, 중요한 것은 기록이나 암기가 아니라 역사를 바라보는 관점이라는 사실을 깨닫게 되었습니다. 관점이 기록을 정하고, 다시 기록들이 모여 관점을 형성한다는 것을, 관점의 중요성을 알게 되었습니다. 제게는 사학과를 가고 싶다는 생각이 더 절실해지는 소중한 시간이었습니다.

▶ 이 학생은 진로수업 때 대학교 강의를 들었다. 이 활동에서 학생 본인이 노력해서 한 것은 없다. 단지 강의를 들은 것이 독특한 활동이 될 수도 없다. 그러나 이러한 평범한 활동을 통해 느낀 감상이 훌륭하다. 지원 전공인 역사에 대해 기존과 다른 관점을 제시하고 있으며, 본인이 사학과에 진학해야 하는 이유가 비교적 자연스럽게 이어지고 있다.

○ chapter 12 ○

실전 자소서 3번 문항,

책임감 있는 인재임을 증명하라

문항 분석

3. ② 학교생활 중 배려, 나눔, 협력, 갈등관리 등을 실천한 사례를 들고, ③ 그 과정을 통해 배우고 느낀 점을 구체적으로 기술하세요.(1000자 이내)

① 시기 : 고등학교 재학 기간 중

시기에 관한 언급은 없다. 그러나 당연히 고등학교 재학 기간 중 사례를 써야 한다. 아무리 좋은 사례라도 초등학교나 중학교 때 이야기를 쓰면 안 된다.

N수생도 마찬가지다. 간혹 고등학교 졸업 이후의 이야기를 쓰는 수험생이 있는데, 절대 안 된다.

② 소재 : 학교생활 중 배려, 나눔, 협력, 갈등관리 등을 실천한 사례

학교생활 중 있었던 일을 써야 하는데, 주제가 있다. '배려'와 '나눔'과 '협력'과 '갈등관리'다.

이중 '배려'와 '나눔'은 큰 차이가 없다. 주로 봉사활동 등 선행이다. '협력'의 경우 보통 동아리나 조별 과제에서 친구들과 함께한 경험을 쓴다.

문제는 '갈등관리'다. '갈등관리'라고 하면 타인 사이의 갈등을 내가 중재한 것으로 생각하는데, 꼭 그것만 갈등관리는 아니다. 갈등을 긍정적으로 활용해서 서로 경쟁하고 자극이 돼 조직을 발전시키는 것도 갈등관리다. 그래서 갈등이 없으면 이야기가 밋밋하고, 읽는 이로 하여금 공감을 일으키기가 힘들다. 소재에서 배려, 나눔, 협력 등이 선택사항이라면 갈등관리는 필수사항이다.

4가지 개념을 주제로 들고 있지만, 꼭 활동마다 "이것은 '배려'의 사례입니다." "제가 한 '나눔'의 경험은……"와 같이 배려, 나눔, 협력, 갈등관리를 구체적으로 명시할 필요는 없다.

③ 내용 : 과정을 통해 배우고 느낀 점을 구체적

3번 문항 역시 활동 내용과 더불어 배우고 느낀 점을 서술해야 하는데, '구체적'이라는 표현이 앞의 문항과 차이가 있다. 많은 학생들이 유독 3번 문항에서 감상을 추상적으로 적는다.

사실 '착한 일'을 통해 느낀 점이 다양하기 힘들다. 그러다 보니 추상적으로 뭉뚱그려서 쓰게 된다. 그러나 되도록 한 가지 감상을 집중해서 구체적으로 쓰려고 노력해야 한다.

또 1~2번과 달리 3번 문항에는 학생부에 기재되지 않는 활동을 써도 괜찮다. 예를 들어 내가 반 친구들에게 선행을 하나 했는데, 이런 것까지 학생부에 기록되지는 않기 때문이다.

: 소재는 1개 아니면 2개다 :

분량이 1,000자이므로 사례는 1개 아니면 2개를 쓸 수 있다. 독특하거나 전공과 연관되거나 혹은 이야깃거리가 많은 사례가 하나 있다면 그것을 길게 쓰는 게 좋고, 그렇지 않다면 2개를 쓰는 게 좋다.

1개로 1,000자를 채우거나, 2개를 대략 500자씩 혹은 400자, 600자씩 할애해 쓰면 된다. 아무리 좋은 사례가 넘쳐도 3개를 쓰는 것은 좋지 않다. 분량 때문에 겉핥기가 된다. 보통은 2개를 많이 권한다.

: 봉사활동을 쓸 차례다 :

3번 문항 단골 소재는 봉사활동이다. 봉사활동은 학습 경험을 적는 1번 문항에는 쓰기 힘들다(사회복지학과 등은 예외다). 2번 문항은 의미를 두고 노력했던 활동을 적는 문항이므로, 봉사활동을 쓸 수는 있다. 그러나 그렇게 인상 깊은 활동이 아니라면 되도록 취지에 맞게 3번 문항에 쓰는 게 안전하다.

봉사활동은 단기간이 아닌 장기간 꾸준히 한 활동이 좋다. 하루 4시간 봉사한 경험을 쓰는 학생과 매주 4시간씩 1년을 꾸준히 봉사한 경험을 쓰는 학생이 있다면, 후자의 학생이 보다 유리한 것은 당연하다.

장기적이면서도 전공 혹은 계열과 관련된 봉사활동이라면 금상첨화다. 자소서 4개 문항 중 유일하게 3번 문항은 전공 연관성이 없어도 되는 문항이기는 하다. 그럼에도 봉사활동마저 전공과 연결이 있다면, 더욱 전공에 대한 일관성을 드러낼 수 있다.

[좋은 사례]

저는 역사박물관에서 진행하는 프로그램으로, 우리 주변의 역사를 지키고 알리는 지역 역사 지킴이로 1년간 활동했습니다. 중점 활동은 초등학생에게 그 초등학교가 속한 동네에 있는 문화재를 흥미롭게 소개하는 것이었습니다. 제가 맡은 초등학교 근처에는 고려 시대에 창건된 사찰이 있었습니다. 저는 이 사찰의 역사를 특정 종교에 한정되지 않으면서도 초등학생에게 흥미롭게 알리기 위해서 유튜브 영상을 제작했습니다. 저는 초등학생들이 관심이 많은 유튜브 크리에이터의 영상을 본떠서, 제가 직접 셀프 촬영하는 방식으로 사찰을 소개했습니다.

특히 종교 행사보다는 주지 스님께 양해를 구해 점심시간에 스님과 함께 '사찰 음식 먹방'을 촬영했습니다. 다소 어려운 주제임도 불구하고 아이들이 흥미를 가져주는 것을 보며, 문화콘텐츠 제작에 있어서의 소비자의 특징과 욕구를 파악하는 것의 중요성을 더욱 실감하는 계기가 되었습니다.

▶ 문화콘텐츠학과를 지원한 학생의 자소서다. 역사박물관에서 봉사활동을 했지만, 유튜브 제작이라는 전달 방식에 초점을 둠으로써 사학과 지망생이 아닌, 문화콘텐츠학과 지망생에 어울리는 활동과 감상을 드러낸 것이 특징이다.

: 동아리활동도 좋은 소재다 :

봉사활동 다음으로 많이 쓰는 소재는 동아리활동이다. 동아리활동은 2번 문항에서도 많이 쓰는데, 2번 문항과 달리 3번 문항에서는 '협력'이나 '갈등관리' 등 주제를 유념해 써야 한다.

동아리활동이라도 혼자 한 활동은 3번에 해당하지 않는다. 동아리 부원들과 함께 무엇을 했는지, 어떻게 협력하여 갈등을 극복했는지, 그러한 에피소드가 꼭 들어가야 한다.

[좋은 사례]

연극동아리를 하면서 부원들과 함께 창작연극을 만들고 초연한 게 큰 기억에 남습니다. 저는 총괄 감독을 맡았는데, 작가를 맡은 친구와 배우를 맡은 친구 사이에 갈등이 생겼습니다. 작가가 쓴 극본을 배우가 거부한 것입니다. 대사가 상황과 어울리지 않는 것 같다는 이유였습니다. 저는 일단 작가와 배우 각자의 이야기를 따로 만나 주장을 들어봤습니다. 제가 양쪽의 의견을 들어본 결과, 배우가 전체 극본이 아닌 자기 파트만을 본 것에서 오해가 조금 생겼던 것 같았습니다.
그래서 우선 저는 배우에게 작가가 의도한 극본 전체 의미에 대해 차분히 설명을 해줬습니다. 또 대사의 내용은 그대로 유지하되, 말투를 보다 자연스럽게 바꾸는 것이 어떻겠느냐고 양쪽에게 의견을 제시했고, 배우와 작가 둘 다 동의를 했습니다. 이를 통해 저는 양쪽의 의견을 모두 귀 기울여 듣는 것이 중요함을 다시금 깨달았고, 또 갈등 상황에서 한쪽 편만을 들기보다는 양쪽이 모두 수용할 수 있는 합리적인 중간점을 찾는 것이 어려우면서도 무척 효과적인 것임을 깨달을 수 있었습니다.

▶ 동아리활동에서 겪은 갈등관리 경험을 소개하고 있다. 갈등관리 능력은 물론, 대안 제시 능력까지 돋보인다.

: 조별 과제활동도 쓸 수 있다 :

수업 중에 진행한 조별 과제활동도 쓸 수 있다. 아무래도 전공과 관련된 과목의 조별활동을 쓰는 게 좋지만, 꼭 그럴 필요는 없다. 3번 문항은 자소서 문항 중 유일하게 전공과 연관성이 없어도 괜찮은 문항이다.

다만 주의할 것은 자소서에 쓰려고 하는 조별활동이 학생부에 기록되어 있느냐를 살펴봐야 한다. 앞서 말했듯이, 3번 문항의 경우 반드시 학생부에 증거 기록이 있어야 하는 것은 아니다. 그러나 학생부에 기록되지 않은 활동이 남발돼선 안 된다.

3번 문항에 소재를 2개 쓴다면, 그중 1개는 학생부 기록이 없어도 된다. 그런데 2개 모두 기록이 없어선 안 된다는 뜻이다. 적어도 1개는 학생부 기록에 기반한 활동이어야 한다.

[좋은 사례]

1학년 사회문화수업 때 조별 발표로 수행평가를 했습니다. 네 명이서 자료조사, 파워포인트 만들기로 두 명씩 나누었습니다. 저는 자료조사를 맡았습니다. 그런데 파워포인트를 만들기로 했던 친구가 발표 전날 디자인을 너무 대충 만들어 보냈습니다. 어떻게 할까 고민 끝에, 남에게 싫은 소리를 못하는 저는 그냥 제가 파워포인트 디자인까지 하기로 했습니다.

발표 날이 되자, 디자인을 했던 친구는 제가 새로 한 디자인을 보고 정말 미안하다고 말했고, 발표만큼은 최선을 다하겠다고 거듭 말했습니다. 그 친구는 실제로 6교시가 발표였는데 그때까지 쉬는 시간에도 쉬지 않고 발표 준비에 열중했습니다. 덕분에 잘 발표했고 저희 팀은 높은 점수를 받았습니다. 또 그 사건으로 인해 그 친구와 무척 돈독한 사이가 되었고, 3학년인 지금은 반은 다르지만 믿고 의지하는 친구가 되었습니다.

어른들은 착하고 양보하면 이용만 당할 뿐이라고 말합니다. 그렇지만 저는 작은 양보 덕분에 가장 친한 친구를 얻었습니다. 양보하면서 살면 당장에는 조금 피해를 볼 수 있지만, 언젠가는 좋은 결과를 얻게 되리라는 믿음을 얻게 되었습니다.

▶ 조별 발표 준비 중 갈등으로 번질 뻔한 상황도 있었지만, 결국 좋은 결과를 이루어냈다. 양보하면 손해를 본다는 세간의 말을 반박하는 감상이 인상적이다.

: 멘토활동도 쓸 수 있다 :

멘토활동도 흔한 소재 중 하나다. 자신 있는 과목의 멘토가 되어 다른 친구를 가르쳐준 이야기다. 보통 지원 전공과 관련된 과목의 멘토를 하기 때문에 전공과 연결시킬 수 있다는 장점이 있다.

멘토활동의 경우, 학생부 기록에 멘토가 적시되어 있을 때 쓸 수 있다. 아니면 영어 부장, 수학 부장 등 교과 부장을 했을 때도 쓸 수 있다.

[좋은 사례]

다른 과목 점수는 낮아도 윤리와 사상 점수는 높았던 저는 윤리와 사상 부장을 맡았습니다. 그러다 보니 친구들이 제게 찾아와 윤리와 사상문제에 대해 물어보는 경우도 많았습니다. 저는 윤리 선생님이 말씀해주시지 않지만, 제가 공부하면서 발견한 문제풀이 팁들을 알려줬고, 또 설명을 재미있게 하려고 노력했습니다.

예를 들어 윤리의 경우 한 사상으로 다른 사상을 비판하는 문제가 나오는데, 그 경우 동양 사상가로 서양 사상가를 비판하는 게 대부분이라고 출제 경향을 알려줬습니다. 또 퇴계 이황과 율곡 이이를 많이 어려워하는데, 퇴계 이황은 조금 더 딱딱한 사람을 생각하면 쉽다고 알려줬습니다. 딱딱한 사람이라면 어떤 주장을 낼까를 떠올리면 이해가 쉽다고 조언을 해줬습니다. 이런 실전 팁들이 친구들은 많이 도움이 된다고 말해줬습니다.

저 또한 친구들에게 알려주려고 하다 보니, 더 공부를 깊게 하는 계기가 되었습니다. '공부해서 남 주냐'고 하는데, 공부해서 남에게 줘야 제게도 도움이 된다는 것을 깨달았습니다.

▶ 학생부에 이 학생이 윤리 부장을 했다는 기록이 있어서 더 신뢰가 가는 자소서다. 이렇듯 멘토활동을 적을 경우 뻔한 공부법보다는 자기만의 공부법을 제시하는 것이 좋다.

글 포인트

: 꼭 겸손하라 :

봉사를 시혜적으로 묘사하면 글이 건방져 보인다. 봉사는 수직적 베풂이 아닌, 수평적 나눔이 되도록 기술해야 한다. 또 협력이나 갈등관리를 다룰 때 잘못의 원인을 전적으로 친구에게 돌리기도 한다.

그런데 글의 상황을 읽다보면 친구뿐만 아니라 글쓴이 본인도 잘못이 있음이 드러나는 경우가 있다. 이 점을 유의해서 꼭 겸손하게 써야 한다.

[나쁜 사례]

저는 음악을 좋아하고 또 협동심을 기르기 위해서 2학년 때 1년간 합창단동아리에 가입해 동아리 회장으로 활동했습니다. 총 9명이었는데, 문제는 평판이 좋지 않은 친구가 한 명 있었다는 것입니다. 평소 좋지 않은 언행으로 저뿐만 아니라 다른 동아리 부원들도 그 친구를 걱정하는 눈치였습니다.

그러나 저는 그렇게 소문만으로 사람을 단정해서는 안 된다는 평소의 신념이 있었습니다. 한번은 축제 때 합창할 수 있도록 연습하고 준비할 곡을 회의를 통해 정하는 시간이었습니다. 그런데 다른 친구들의 의견을 무시한 채 그 친구가 자기가 좋아하는 곡을 고집했습니다. 저는 회장으로서 갈등을 조율해야 했고, 한 명의 소수 의견도 소중히 해야 한다고 생각했습니다. 그래서 저는 그 친구의 곡도 연습하되 축제 때는 1절만 부르는 것으로 의견을 냈고 모두 동의를

해 갈등은 해결되었습니다. 무척 곤란한 상황이었지만 리더로서의 자질을 기를 수 있었고, 또 리더란 무엇인지 고민하는 계기가 되었습니다.

▶ 동아리 회장으로서 겪은 갈등관리 사례를 기술하고 있다. 본인은 '평판 나쁜 친구'까지 포옹했음을 말하고자 하지만, 작성자 역시 은연중에 그 친구를 비하하고 있음이 글에서 느껴진다. 그 친구가 '혹시 따돌림 피해자는 아닐까' 하는 의구심도 갖게 된다. 자신의 인성을 과시하려다 도리어 점수를 깎일 수 있는 사례다.

: 너무나 현실적으로 써라 :

4번 문항이 유독 비현실적인 경우가 많다. 초인적인 능력이나 성인과 같은 품성을 보여주려고 하기 때문이다. 과장을 더해서라도 자기를 어필하고 싶은 것은 당연한 심리다.

그러나 자소서를 쓸 때는 항상 평가관의 입장에서 생각해봐야 한다. 평가관이 읽을 때 내 자소서를 신뢰하지 않을 것 같다는 생각이 든다면, 다시 현실적으로 고쳐야 한다.

[나쁜 사례]

1학년 체육대회 때 모든 반은 반티를 맞췄고, 저희 반도 반티를 맞췄습니다. 저는 반장은 아니었지만 담임 선생님과 친구들의 권유와 추천으로 체육대회 준비를 총괄 담당하게 되었습니다. 우선 반티를 맞춰야 하는데, 반티를 단체 주문하더라도 금액이 한 사람당 11,000원이 필요했습니다. 그렇게 반 전체 27명에게 돈을 걷었는데, 평소에 조용하지만 성실했던 친구 2명이 어쩐 일로 반티를 자신들은 맞추지 않겠다며 돈을 내지 않았습니다. 저는 사연을 물었고, 그 2명이 형편이 어려워 돈을 내기 힘들다는 것을 알게 되었습니다.

만화 검정고무신에서 급우들이 함께 힘을 합쳐 가난한 급우의 교복을 맞춰주었던 에피소드가 떠올랐고, 저는 친구들이 십시일반하여 두 사람의 반티를 맞추면 좋겠다고 생각했습니다. 둘을 제외한 친구들에게 천 원씩을 더 걷어 두 사람의 반티를 맞출 수 있었고, 둘은 눈물을 흘리며 제게 정말 고맙다고 했습니다.

그렇지만 정말 고마운 것은 둘이 아니라 저와 다른 친구들이었습니다. 그 덕분에 나눔의 행복을 느꼈고, 우리 반이 하나됨을 느꼈기 때문입니다. 비록 체육대회 성적은 좋지 않았지만, 이 사건으로 인해 저희 반은 우승보다 더 값진 기쁨을 얻을 수 있었습니다.

▶ 나쁜 자소서다. 따돌림 피해자나 가난한 학생을 소재로 사용하는 것은 좋지 않다. 시혜적인 태도가 강할뿐더러 그 진의도 의심스럽다. 실제로 십시일반으로 해당 학생을 도와줬을 때, 그 학생이 정말 기뻐했을지 의문이다.

보통 1번 문항을 '교과', 2번 문항을 '비교과', 3번 문항을 '인성'으로 분류한다. 틀린 말은 아니지만 핵심은 아니다. 3번 문항에 굳이 인성을 담을 필요는 없다. 한없이 착한 사람보다 책임감 있는 인재임을 보여주는 것이면 충분하다.

보통 3번 문항을 쓰기 어려워하는데 '나눔', '배려', '협력' 중 협력에 초점을 맞춘다고 생각하면 쓰기 수월할 것이다.

[좋은 사례]

또래 상담반을 하면서 또래 상담사 친구들과 함께 '우울증예방 캠페인'을 한 것이 제게는 협력의 중요성을 알게 된 사례로 기억됩니다. 우리나라가 자살률이 가장 높으며 청소년 자살률 또한 무척 높습니다. 그래서 아이디어 회의 때 자살예방 캠페인을 하자는 말이 나왔습니다. 그런데 '자살'이라는 단어가 언급되는 것만으로도 자살을 고민하는 사람에게는 좋지 않은 효과가 있다고 안건을 냈고, 그래서 표현을 '우울증예방 캠페인'으로 했습니다.

부원들이 각자 내용조사, 디자인 등 역할을 분담했고, 저는 내용조사를 맡았습니다. 무료상담을 받을 수 있는 곳들 연락처와 우울증에 도움이 될 글들을 수집했습니다. 그리고 한 주간 교문 앞에서 등교 시간에 캠페인을 진행했습니다. 처음엔 조금 민망했지만 부원들과 함께이기에 서로를 의지해서 이겨낼 수 있었습니다. 추운 날씨라서 저는 핫팩을 준비해 친구들에게 나눠줬는데,

그때 함께 핫팩을 손에 끼고 캠페인을 진행한 기억이 매우 인상 깊게 남아 있습니다.

▶ 이 학생은 '착한 사람'임을 강조하지 않는다. 그러나 우울증문제에 관심을 갖고 행동하는 모습에서 사회적 책임감이 느껴진다.

: 감상은 하나만 써라 :

느낀 점과 배운 점을 많이 쓰려다 보니 이것저것 담게 된다. 그러면 적정량은 채우겠지만 질은 떨어진다. 설령 느낀 점이 많을지라도 중요한 한 가지를 선택해서 집중해서 쓰는 게 좋다.

자소서에 감상을 이것저것 쓰는 것은 대화로 따지면 중언부언하는 것과 같다. 이 말 했다 저 말 했다 하는 사람이다. 감상은 하나를 쭉 이어서 쓰거나, 아니면 정돈되게 써야 한다.

[좋은 사례]

1년 동안 공립도서관에서 책 정리하기 봉사활동을 했습니다. 도서관은 저희 지역에서 가장 큰 도서관인 만큼 이용자 수가 많고 그래서 일거리가 많은 곳이었습니다. 저는 2주에 한 번 토요일에 봉사를 갔는데, 반납한 책들을 도서번호에 맞게 제자리에 꽂는 일이었습니다. 그러다 보니 자연스럽게 시민들이 많이 읽는 도서와 분야를 알게 되었습니다. 저는 물리학을 비롯한 순수과학에 관심이 많은데, 물리학은커녕 과학에 관한 도서를 시민들이 대출하는 경우는 극히 드물었습니다.

한번은 오랜만에 과학 분야의 책이 반납됐는데 《물은 답을 알고 있다》였습니다. 이 책은 오히려 과학에 대한 잘못된 지식을 심어주는 유사과학인데 이 책이 과학으로 분류되는 게 안타까웠고, 또 이런 책이 많은 사람들에게 읽혀지는 것이 아쉬웠습니다. 굳이 에세이와 소설과 같은 문학이 아니더라도, 다른 전문 분야의 책들은 많이 읽힙니다. 예를 들어 정치, 심리, 건강 분야는 인기가 많은데, 이 지식이 시민들의 삶에 도움이 되기 때문일 것입니다.

저는 순수과학도 삶에 많은 도움이 되는데 왜 읽히지 않을까 고민했습니다. 그것은 순수과학을 쉽게 설명한 책이 없기도 하지만, 중 · 고등학교 교육에서 과학의 비중이 낮고, 실제로 삶에 유익함을 어필하지 못하기 때문이라고 생각했습니다. 어릴 때부터 과학을 재미있게 접할 수 있다면 성인이 돼서도 유사과학에 현혹되지 않고, 또 과학 책을 읽을 수 있을 것입니다. 우리나라가 과학 강국이 되기 위해서는 과학 전공자가 아닌 일반 사람들도 과학을 이해하고 사랑할 수 있어야 합니다. 도서관 봉사활동은 이러한 저의 생각을 키우는 계기가 되었습니다. 과학교육을 더 연구해 유익하고도 쉽게 과학적 사고와 지식을 전달할 수 있는 방법을 생각했습니다.

▶ 도서관 봉사활동을 하면서, 다른 봉사자와 협력하면서 느낀 바도 있을 테고, 봉사를 하면서 느낀 보람도 있을 것이다. 그러나 이 학생은 과학교육이라는 하나의 키워드로 감상을 채우고 있다. 과학교육에 대한 깊은 관심이 느껴지는 좋은 자소서다.

○ chapter 13 ○

실전 자소서 4번 문항, 구체적인 꿈과 문제의식을 펼쳐라

문항 분석

4번은 자율문항이다.

1, 2, 3번 문항이 모든 대학이 동일한 공통문항이라면, 4번은 대학마다 내용의 차이가 있는 자율문항이다. 자율이기 때문에 4번 문항이 아예 없는 대학도 있다.

예를 들어 연세대 4번 문항은 〈해당 모집단위에 지원하게 된 동기와 지원하기 위해 노력한 과정〉이다. 고려대는 〈해당 모집단위에 지원동기를 포함해 고려대가 지원자를 선발해야 하는 이유〉다. 한편 이화여대는 4번 문항 자체가 없다.

해당 대학의 자율문항 개설 여부와 내용을 확인하기 위해서는 대학 입학처 홈페이지와 모집요강 등을 참조하면 된다. 분량도 1,000자 혹은 1,500자를 요구하기 때문에 분량도 잘 확인해야 한다.

: 대학마다 차이는 있지만 비슷하다 :

4번 문항이 각 대학이 자율적으로 정하는 자율문항인 것은 맞지만, 대체적으로 묻는 바는 비슷하다. 주요 대학의 자율문항을 정리한 표를 보자표는 2020학년도 대입 기준이기 때문에, 확실한 것은 각 대학 입학처를 확인해야 한다. 서울대를 제외하고는 대부분 비슷함을 알 수 있다.

표에 정리된 대학 외 대학들도 거의 이와 유사하다고 보면 된다. 네 가지로 구분할 수 있는데 〈지원동기〉, 〈노력한 과정〉, 〈학업계획〉, 〈진로계획〉이다.

예를 들어 연세대는 〈지원동기〉와 〈노력한 과정〉을 요구한다. 분량이 1,500자이므로 각각 500자와 1,000자 혹은 700자, 800자 등으로 적절히 배분해서 쓰면 된다. 서강대는 〈지원동기〉와 〈학업계획〉과 〈진로계획〉을 요구한다. 중앙대, 경희대, 한국외대, 건국대는 문항이 같은데 모두 〈지원동기〉와 〈노력한 과정〉을 요구한다. 동국대, 홍익대는 〈노력한 과정〉과 〈지원동기〉, 〈진로계획〉을 요구한다고 보면 된다.

주요 대학 4번 문항 정리(2020학년도 대입 기준)		
대학	문항명	분량
서울대	자신에게 큰 영향을 준 책 3권 이내로 선정하고 그 이유를 중심으로 기술	각 500자
연세대	해당 모집단위에 지원하게 된 동기와 지원하기 위해 노력한 과정	1,500자
고려대	해당 모집단위에 지원동기를 포함해 고려대가 지원자를 선발해야 하는 이유	1,000자
서강대	지원 전공을 선택한 이유와 대학 입학 후 학업 또는 진로계획	1,000자
성균관대	(택1) 1) 본인의 성장환경 및 경험이 자신에게 미친 영향 2) 지원동기 및 진로를 위한 노력 3) 본인에게 영향을 미친 유무형의 콘텐츠	1,000자
한양대	자소서 없음	
이화여대	4번 문항 없음	
중앙대	해당 모집단위에 지원하게 된 동기와 지원하기 위해 노력한 과정	1,500자
경희대	해당 모집단위에 지원하게 된 동기와 지원하기 위해 노력한 과정	1,500자
한국외대	해당 모집단위에 지원하게 된 동기를 포함하여 학업 및 진로계획	1,000자
시립대	지원동기와 향후 진로계획	1,000자
건국대	해당 모집단위에 지원하게 된 동기와 지원하기 위해 노력한 과정	1,500자
동국대	자신의 노력과 역량을 바탕으로 해당 전공에 대한 지원동기 및 진로계획	1,000자
홍익대	지원동기 및 대학 입학 후 학업계획과 진로계획	1,500자
숙명여대	4번 문항 없음	1,000자

지원동기

: 학과의 특징을 고려하라 :

지원동기는 해당 대학에 지원한 동기가 될 수 있고, 해당 학과에 지원한 동기가 될 수도 있다. 이중 대학보다는 학과 지원동기에 초점을 맞추는 게 좋다.

예를 들어 중앙대 경제학과를 지원한다면 중앙대의 특징보다는 경제학과의 특징을 유념해야 한다. 다시 말해 왜 내가 중앙대를 썼느냐보다는, 왜 내가 경제학과를 썼느냐를 중점으로 기술해야 한다.

[나쁜 사례]

저는 중앙대학교를 설립한 승당 임영신 박사님을 존경해왔습니다. 당시에 여성으로서 독립운동을 한 후 해방 후에는 대학교를 설립하고 국회의원을 역임한 박사님을 보며, 저도 그렇게 사회에 도움이 되는 당당한 여성이 되고 싶다고 생각했습니다. 중앙대는 '의'와 '참'을 중시하는데, 제가 추구하고자 하는 삶도 의로움과 참됨을 이루고 싶습니다. 실제로 중앙대 출신 분들이 우리 사회에서 그런 역할들을 다양하게 수행하고 있는 것으로 알고 있습니다.

그래서 어린 시절부터 저는 중앙대에 진학하는 것이 제 가장 큰 꿈이었고, 중앙대에 진학해 임영신 박사님을 비롯한 선현들의 삶을 본받고자 합니다. 특히 중앙대에서 경제학을 공부해서 저는 우수한 기업을 세우고 싶습니다. 우리 사회에서 '의'와 '참'으로 기업을 운영하는 모범적인 CEO가 되고 싶습니다.

▶ 대부분의 분량을 대학교 지원동기에 할애했다. 그런데 대학교 지원동기에서 설립자와 교훈을 예로 드는데 너무 특색이 없다. 또 정작 중요한 학과 지원동기가 부실하다. 학과 지원동기를 많이 늘려야 한다.

: 문제의식을 품어라 :

문제의식을 쉽게 설명하면, '자기 삶의 핵심적인 고민'이라고 정의할 수 있다. 현재 상황의 단점이나 문제점을 보며 아쉬움을 느끼고, 이를 해결하거나 혁신하고자 하는 태도다.

지원동기에는 이러한 문제의식을 특히 구체적으로 담아야 한다. 물론 문제의식은 지원한 전공과 관련된 것이어야 한다. 단순히 관련 교과 선생님을 좋아했다거나, 전공 공부가 좋아서 지원했다고 쓰면 안 된다.

[좋은 사례]

"부족한 것을 걱정하지 말고, 고르지 못한 것을 걱정하라." 이것은 논어에서 읽은 공자님의 말씀입니다. OECD 가입 국가 중 우리나라는 불명예스럽게도 노인빈곤율이 1위입니다. 노인 자살율 역시 1위입니다. 도시가 아닌 면 단위의 시골에서 태어나 학창 시절을 보낸 제 주변에는 친조부모님을 비롯해서 나이가 지긋한 어르신들이 많이 계십니다. 그러다 보니 자연스레 '노인문제'에 관심을 갖게 되었습니다.

보통 경제성장률을 GDP를 기준으로 계산하지만, 그것은 총량의 평균일 뿐입니다. 우리 사회 빈부격차와 서민층의 고통을 담지 못합니다. 중요한 것은 공자님 말씀대로 '고름'입니다. 저는 경제학과에서 경제학의 기본을 튼실하게 다진 후, 대학원도 경제학을 지원해서 구체적으로 노인 빈곤문제의 원인과 해결책을 연구하고 싶습니다.

▶ 이 학생의 문제의식은 노인빈곤이다. 시골에서 태어난 학생의 삶과 문제의식이 지원 전공과 긴밀하게 연결되고 있다. 또 문제의식이 구체적이다.

노력한 과정

: 활동을 쭉 정리하라 :

지원한 전공과 관련돼 고등학교 재학 기간 동안 노력한 과정, 활동을 한눈에 드러나도록 정리해서 나열해야 한다. 파편적으로 하나하나 나열하기보다는 일관된 스토리 하에 정리된 것이 좋다. 그래야 지원한 전공에 대한 열정과 능력, 발전 가능성이 잘 드러난다.

특히 전공과 관련된 활동인데 앞의 1, 2, 3번 문항에서 언급하지 못한 활동이 있다면, 여기에 쓸 수 있다.

[좋은 사례]

문화부 기자가 꿈인 저는 기자로서의 소양과 문화 전문가로서의 소양을 키우기 위해 노력했습니다. 신문방송학에 대한 기본적인 이해와 꿈을 키워 가기 위하여, 학교를 다니면서 매일 빠지지 않고 신문을 정독했습니다. 특히 사고력을 키우기 위해 칼럼란과 제가 관심 있는 문화란을 주의 깊게 읽었습니다.

2학년 때는 신문분석동아리에서 활동하면서, 성향이 다른 두 신문의 같은 소재, 다른 시각의 기사를 비교 분석해 토론했습니다. 특히 '일본 문화재 반환'과 관련한 신문사들의 관점 차이를 비교 분석한 글을 써서 교내 교지에 실었습니다. 한편 신문방송학과 별개로 문화부에 대한 소양을 키워야 하기에, 유홍준 교수의 《나의 문화유산답사기》 시리즈를 비롯한 문화 관련 도서를 꾸준히 정독했으며, 미술 관련 팟캐스트 〈방구석 미술관〉을 꾸준히 들었습니다.

▶ 문화부 기자가 되기 위해 노력한 활동을 '문화' 관련 활동과 '기자' 관련 활동 둘로 나눠 일목요연하게 잘 정리했다. 전공에 대한 열정과 소양이 드러난다.

학업계획 및 진로계획

: 전공과 관련 안팎을 아울러 계획하라 :

학업계획은 학내 전공 공부를 중심에 두되, 전공 외 활동계획까지 아울러 쓰는 것이 좋다.

단, 전공 외 활동이 중심인 듯 보여서는 안 된다. 예컨대 인문사회계열을 지원한 학생은 다른 학과를 복수전공하겠다고 밝히는 경우가 제법 있다. 그런데 복수전공은 본래 전공과 동등한 시간과 노력을 타 전공에 할애하는 것이므로, 지원 전공에 대한 의지와 계획이 다소 소홀하게 느껴질 수 있다. 복수전공보다는 부전공이 좋다.

[좋은 사례]

○○대학교 철학과는 다른 대학 철학과에 비해 현대철학이 특화된 것으로 알고 있습니다. 영화평론가가 꿈인 제게 현대철학은 특색 있고도 깊이 있는 평론을 위한 아이디어를 제공해줄 것입니다. 물론 고대, 근대부터 두루 철학의 기본을 익히되, 특히 프랑스 철학학회에 가입해 교수님과 선배님, 동기들과 함께 프랑스를 비롯한 현대철학을 깊이 공부하고자 합니다.

또 독어독문학과를 부전공해서 현대철학의 근원지 중 하나인 독일의 문화를 함께 공부하고 싶습니다. 철학을 더 깊이 이해할 수 있음은 물론, 미국 할리우드 영화 일색인 우리나라에 이와는 달리 작품성과 철학적인 특성을 지닌 독일을 비롯한 유럽 영화를, 평론을 통해 소개하고 도입하는 데 힘을 얻고 싶습니다.

▶ 철학과에 지원한 학생의 자소서다. 철학과 전공 공부와 아울러 영화 공부 계획을 밝히고 있다. 전공 밖의 계획을 제시하면서도 전공 공부를 소홀히 하겠다는 느낌이 들지 않는다.

: 학과 홈페이지를 조사하라 :

학업계획을 쓸 때 학과 홈페이지를 참고하는 것은 필수다. 홈페이지에 들어가면, 교수의 세부 전공과 개설된 교과목 및 커리큘럼을 알 수 있다. 같은 학과라도 대학마다 특징이 있기 마련이다.

다른 대학과 비교해서 지원한 대학 학과의 특징을 알아내 그것을 강조하면 좋다.

[좋은 사례]

부모님이 각각 불교와 기독교를 믿는 집에서 자란 저는 기독교 신앙을 갖고 교회를 다녔지만, 불신자는 구원받지 못한다는 목사님의 설교에는 불만이었습니다. 그 말은 곧, 저희 친가는 구원을 받지 못한다는 뜻이기 때문이었습니다. 그래서 저는 직접 신학 책을 찾아 읽었고, 그러던 중 존 힉이 쓴 《하느님은 많은 이름을 가졌다》를 읽게 되었습니다. 교회 밖에도 구원이 있다는 그의 주장에 많은 감명을 받고 신앙이 깊어짐을 경험했습니다. 그리고 존 힉과 같은 신학자가 되어 다양성을 존중하는 현대사회에 적합한 신학을 연구하고 알리는 신학자가 되고 싶다고 다짐하는 계기가 되었습니다.

그래서 저는 존 힉을 전공한 교수님이 계시는 ○○대학교 신학과에 지원을 했습니다. 또 ○○대학교는 커리큘럼에 불교를 배우는 등 초교파적이고 타 종교에도 열려 있는 학풍으로 유명하기에, 폭넓은 공부를 할 수 있다는 기대감으로 지원을 하게 되었습니다.

▶ 지원한 대학 신학과 교수의 세부 전공과 전체적인 학풍까지 파악했다. 조사가 충실한 자소서다.

: 사회적 책무를 언급하라 :

진로계획은 장래 직업이 중점이 된다. 내가 되고 싶은 장래희망을 적되, 단순히 내 개인의 영달 이상으로 사회적인 책임과 봉사, 환원을 함께 언급해야 한다.

그리고 그러한 사회적 책무가 자기 전공과 연장선에 있어야 한다. 경영학과를 지원한 학생이라면, 단순히 '경영자로서 번 수익의 다수를 불우이웃을 돕는 데 쓰겠습니다'가 아닌, '사회적 윤리적 기업을 선보이겠다'고 해야 한다. 전자는 경영학과 별 관련이 없는 반면, 후자는 경영학과 관련이 있다.

[좋은 사례]

공대생은 많은 공부량 탓에 복수전공을 잘 하지 않습니다. 하지만 저는 원전공인 전기공학과와 더불어 화학과를 복수전공하려 합니다. 대안 신재생에너지를 개발하는 게 제 꿈이기 때문입니다. 지금의 원전문제는 심각합니다. 제2의 체르노빌, 후쿠시마 사고가 우리나라에서 발생하지 않는다는 보장이 없습니다. 이미 영광, 경주 원전 등에서 여러 차례 작은 사고들이 있었습니다. 이에 원전을 대체할 수 있는 한국에 적합한 한국식 대안 에너지를 개발하고 싶습니다. 대안 에너지 개발에 보탬이 되고 싶습니다.

그래서 에너지학의 바탕 학문인 전기공학과 화학을 공부하려고 합니다. 우리나라에 신재생에너지가 없는 것은 아니나, 대부분 연구보다는 전문기술을 익히고 취직을 하는 데 주목적이 있는 걸로 알고 있습니다. 따라서 대학 때 기초학문을 탄탄히 한 후 이후에는 관련 대학원에 진학하려고 합니다. 또 연구소 등에서 계속 대안에너지 관련 연구와 활동을 하고 싶습니다.

▶ 전기공학과를 졸업해 단순히 공기업에 취업하겠다는 것이 아닌, 원전문제를 해결할 대안에너지를 개발하겠다고 진로계획을 밝히고 있다. 이처럼 진로계획은 사회봉사적인 성격을 띠어야 한다.

: 무엇보다 실현 가능해라 :

주의할 것은 큰 꿈을 품는 것은 좋으나, 계획에 현실성이 있어야 한다. 꿈이 UN 사무총장이면 안 될 이유는 없다. 다만 실현 가능할 수도 있겠다 싶은 구체적이고도 탄탄한 계획을 아울러 제시해야 한다.

계획에 현실성이 없으면, 그만큼 사람이 계획이 없어 보인다. 또 꿈에 대한 진정성도 떨어져 보인다. 꿈을 향한 열정 없이, 그저 자소서에 쓰기 위해 급조한 진로가 아닐까 의심이 드는 것이다.

[나쁜 사례]

저의 진로계획은 한문학자가 되는 것입니다. 한문학자가 돼서 특히 승정원일기를 모두 번역하고자 합니다. 조선은 방대한 기록을 지닌 기록의 나라입니다. 다행히 고전번역원에서 조선왕조실록이 완역되었으나, 아직 승정원일기는 번역되지 않았습니다.

승정원일기는 조선왕조실록에 기록되지 않은 많은 이야기들이 담겨 있습니다. 승정원일기를 번역해야 조선과 우리나라 역사의 위상을 전 세계에 알릴 수 있다고 생각합니다.

저는 학과에서 한문 공부하는 것은 물론, 개인적으로도 한자 사범 자격증을 취득할 것입니다. 또 한국사 1급을 비롯해 한국사 지식도 열심히 쌓을 것입니다. 그래서 졸업 후에는 승정원일기 번역에 제 삶을 모두 바치고자 합니다.

▶ 승정원일기 번역이라는 구체적이고도 사회적인 목표가 있다는 것이 장점이다. 그러나 개인 한 명이 혼자서 방대한 분량의 승정원일기를 번역하겠다는 것은 아무래도 비현실적이다. 고전번역원이나 한문연구소 연구원이 돼서 승정원일기 번역 작업에 참여하고 싶다는 식으로 보완해야, 더 설득력이 있다.

: 도서를 알맞게 배분하라 :

4번 문항에 독서 내용을 요구하는 것은 서울대뿐이다. 그래서 책 선택이 무척 중요하다. 책은 학생부 독서기록상황에 기재된 도서 내에서 선택해야 한다.

3권을 모두 전공도서로 채우거나, 2권은 전공도서로 나머지 1권은 비전공도서를 선택하는 것이 좋다.

전공도서는 서울대 지원이므로 대학 수준 이상의 책을 골라야 한다. 비전공도서는 인문학, 소설책, 고전 등 전공과 무관하게 내 삶에 큰 영향을 준 책을 고르면 된다.

[좋은 사례]

- **역사교육과 :** 《태백산맥》(조정래) / 《역사란 무엇인가》(E.H. 카) / 《미국 민중사를 만든 목소리들》(하워드 진)
- **물리천문학부 :** 《김상욱의 과학 공부》(김상욱) / 《시민의 물리학》(유상균) / 《닐스 보어》(짐 오타비아니)
- **불어불문학과 :** 《밤이 선생이다》(황현산) / 《문학이란 무엇인가》(장 폴 사르트르) / 《악의 꽃》(샤를 피에르 보들레르)

- **고고미술사학과 :** 《무량수전 배흘림기둥에 기대서서》(최순우) / 《미술관에 간 붓다》(명법) / 《오원 장승업》(민병삼)
- **사회학과 :** 《조효제 교수의 인권 오디세이》(조효제) / 《불안한 현대사회》(찰스 테일러) / 《나의 한국 현대사》(유시민)
- **경영학과 :** 《행동경제학》(도모노 노리오) / 《경영이란 무엇인가》(조안 마그레타) / 《영화관에 간 경영학자》(강수돌)
- **식품영양학과 :** 《식품 진단서》(조 슈워츠) / 《희망의 밥상》(제인 구달) / 《당신이 몰랐던 식품의 비밀 33가지》(최낙언)
- **산림과학부 :** 《식물 혁명》(스테파노 만쿠소) / 《조선의 생태환경사》(김동진) / 《생태적 경제 기적》(프란츠 알트)

: 문제의식과 연결시켜라 :

책 요약, 읽게 된 계기, 단순 감상보다는 문제의식을 담으려고 해야 한다. 문제의식은 쉽게 말해 '자기 삶의 핵심적인 고민'이다. 현재의 전공 혹은 자기 삶에 있어서 구체적인 관심 분야나 문제점을 보며 아쉬움을 느끼고, 이를 중점적으로 공부하거나 해결하고자 하는 태도다.

나의 문제의식을 해당 도서를 통해 발전시켰다고 할 수도 있고, 혹은 해당 도서를 읽고 문제의식이 생겼다고 할 수도 있다.

[좋은 사례]

도서명 : 《문학이란 무엇인가》 / 저자(역자) : 장 폴 사르트르(정명환)

프랑스의 소설가이자 철학자인 장 폴 사르트르의 문학론이 담긴 책입니다. 사르트르는 문학의 사회 참여 가능성을 이야기합니다. 쓴다는 것은 무엇인지, 무엇을 위하여, 또 누구를 위하여 쓰는 것인지를 차례대로 분석합니다. 차례 제목에서부터 목적의식이 드러나는 책입니다. 현대에는 문학을 비롯한 예술은 과거의 사회 참여 기능보다는 개인의 삶의 문제나, 혹은 무의미함을 추구하기도 합니다.

저는 국어 시간에 배운 순수문학과 참여문학의 대립을 떠올렸는데, 사르트르는 참여문학의 편에 있다는 생각이 들었습니다. 여전히 문학은 사회에 참여해야 하며 그렇지 못하면, 유희에 지나지 않을 뿐이라는 것입니다. 비록 내용이 어려워서 여러 번 반복해서 읽어야 했고, 그럼에도 이해하지 못한 부분도 있지만, 사르트르의 주장과 근거가 타당하다는 생각이 들었습니다. 이 책을 읽으며 현대에도 문학은 사회 참여적이어야 하는지, 또 그럴 경우 과연 개인화된 현대인에게도 그 목적을 달성할 수 있을지 고민하게 되었습니다.

▶ 국어국문학과와 불어불문학과를 비롯한 어문계열 학과에 지원할 때 쓸 수 있는 책과 서술이다. 고등학생 수준에서는 꽤 어려운 수준의 책이므로, 타 지원자와 비교해 전공에 대한 전문성을 차별화할 수 있다. 서술 또한 '문학의 사회 참여문제'라는 구체적인 문제의식이 핵심이 되고 있다.

chapter 14

실전 면접 1,
쉽게 이해하는 면접의 핵심

면접, 걱정할 것 없다

학생부종합전형은 1차에서 서류평가 학생부+자소서 를 통해 보통 선발 정원의 3배를 뽑은 후, 2차 면접을 거쳐 1차 점수+2차 점수 최종 합격자를 결정한다.

2차 면접도 물론 중요하지만, 역시나 더 중요한 것은 1차 서류평가다. 2차가 면접이라고 해서 면접 점수로만 최종 선발을 결정하는 게 아니라, 1차 점수와 2차 점수를 함께 집계한다.

게다가 면접의 질문이 1차 서류평가를 토대로 진행되기 때문에, 1차 서류의 질이 2차 면접의 질에 많은 영향을 끼치게 된다. 대부분의 학생들이 태어나서 면접이라는 것을 처음 경험하는 것이라 많이 걱정이 들겠지만, 그럴 필요 없다.

더 자세히 다루겠지만, 입시면접은 취업면접과 다르다. 흔히 우리가 매체를 통해 익숙히 알고 있는 '면접'은 취업면접이다. 입시면접은 취업면접과는 평가요소도 다르며, 고등학생들에게 그처럼 많은 것을 요구하지 않는다.

1차 서류평가를 통과하면 2차 면접 날까지 얼마간의 기간이 있는데, 면접은 그때 가서 준비해도 늦지 않다. 그 전까지는 학생부와 자소서 준비에 몰입해야 한다.

여기 〈chapter 14〉를 읽는 것도 당장 면접을 앞둔 학생이 아니라면 시간 낭비다.

3개 평가요소, 진위·성품·전공

학생부와 자소서가 그렇듯이, 면접 평가요소도 대학마다 다르게 제시하지만 실상 이름이 조금 다를 뿐이다. 다음 3개가 면접 평가요소의 전부라고 말할 수 있다.

첫째, 서류의 진위를 확인한다. 학생부나 자소서의 내용에 거짓이나 과장이 있을 수 있기 때문에 이를 가려내려고 한다. A도서를 읽었다고 학생부 독서활동상황과 자소서에 진술했는데, 실제로는 읽지 않았을 수 있기 때문에 A도서의 내용에 대해 질문하는 식이다.

하지만 면접에 주어지는 시간은 보통 학생 1인당 20분이 되지 않기 때문에 이 짧은 시간 동안 진위를 정확히 확인할 수 없다. 또 고2 때 A도서를 읽었다고 해서 1년이 지난 지금 그 내용이 상세히 떠오르는 것은 아니다. 면접관 역시 기초적인 내용을 확인하고 만다. 또 진위를 확인하는 질문들은 매년 반복되기 때문에, 기출을 미리 읽어 가면 된다.

둘째, 학생의 기본적인 성품 및 태도를 확인한다. 성격이 착하고 선행을 많이 한 학생을 뽑는다는 뜻은 아니다. 다만 기본적인 품성을 갖췄느냐를 보는 것인데, 상기하듯이 20분이 채 안 되는 짧은 시간에 그 사람의 성품을 보는 것은 역시 불가능하다.

복장, 출입 시 인사, 들을 때 경청하는 자세, 말할 때의 태도 등 누구나 다 아는 기본적인 예절만 20분 동안 지키면 흠잡힐 일은 없다.

셋째, 전공에 대한 관심과 지식, 발전 가능성을 평가한다. 이는 전공과 관련된 질문을 통해 확인한다. 물론 고등학생 수준 이상의 지식을 묻지는 않는다. 예를 들어 화학과, 화학공학과를 지원한 학생이라면 고등학교 화학 교과의 지식이 있으면 충분하다.

다만 여기에 자기가 학생부나 자소서에 고등학생 수준 이상의 지식을 언급했을 경우, 그것과 관련된 질문이 들어갈 수 있다. 고등학교 화학 시간에는 다루지 않지만 본인이 보고서 쓰기나 독서활동을 통해 보다 심화 탐구한 내용이 있다면, 그 내용에 대해 묻는 것이다.

2가지 유형,
일반면접 vs 심층면접

면접 유형이 대학마다 다른데, 크게 일반면접과 심층면접으로 나눌 수 있다. 교대를 제외한 대부분의 대학은 일반면접과 심층면접 중 하나라고 볼 수 있다교대는 집단면접을 실시한다.

우선 일반면접과 심층면접의 차이를 살펴보자.

일반면접은 우리가 흔히 생각하는 면접을 떠올리면 이해하기 쉽다. 면접관이 즉석에서 질문하고, 역시 즉석에서 지원자가 대답하는 방식이다. 즉석에서 문답이 이루어지는 만큼, 심층적인 전공 지식을 묻는 경우는 드물다. 설령 물어보더라도 즉석에서 답한다는 것을 감안하기 때문에, 그렇게 높은 수준의 답을 요구하지 않는다.

심층면접은 조금 특이한 면접인데, 면접에 들어가기 전에 질문지를 제공받는다. 주로 전공과 관련된 제시문과 질문을 주고, 미리 생각할 시간을 준다. 제시문을 읽으며 답이나 혹은 자기 의견을 생각해낸 다음, 면접장에 들어가면 그것을 구술해야 한다.

보통 이과의 경우 고등학생 수준의 수학문제를 주고, 문제풀이 과정과 정해진 답을 구술하는 식이다. 면접장에 들어가기 전, 정해진 시간 내에 그 문제를 풀어야 한다. 사실 이름이 면접이지 시험문제를 푸는 것과 비슷하다.

반면 문과의 경우 대체로 하나의 답이 정해진 것이 아닌, 자기의 의견이나 주장을 묻는 경우가 많다. 예를 들어 철학과에 지원한 학생이라면,

윤리와 사상 시간에 배운 "칸트와 흄의 사상을 비교하고 자기 생각을 말하시오."와 같은 질문지를 받는 것이다.

우선 칸트와 흄에 대해 알아야 하고, 둘 중 누구를 옹호하고 누구를 비판할지 자기주장을 정해야 한다.

심층면접보다는 일반면접을 시행하는 대학이 더 많다. 자기가 볼 면접이 이중 무슨 유형에 해당하는지는 각 대학 모집요강에 나와 있다. 모집요강을 읽어도 잘 모르겠다면, 각 대학 입학처에 문의하면 된다.

chapter 15

실전 면접 2,
합격을 부르는 면접 원칙 11가지

학생부와 자소서를 익혀라

면접 유형과 무관하게 대부분의 질문은 본인의 서류, 즉 학생부와 자소서에서 비롯된다. 서류에 서술된 바를 확인차 묻기도 하고, 서류 서술을 확장하거나 응용해 묻기도 한다.

따라서 본인의 학생부와 자소서는 면접 전에 완벽하게 파악해야 한다. 물론 내용을 달달 외워야 하는 것은 아니다.

첫째, 면접의 '나'와 자소서의 '나'가 모순되지 않도록 해야 한다. 자소서에는 경제학과 지원동기를 "노인빈곤에 대한 문제의식이 있었고, 사회적 해결책을 찾고자 경제학에 관심이 갔다."라고 썼다. 그런데 면접에서는 얼떨결에 "고등학교 경제 선생님이 좋아서 경제학에 관심이 갔다."라고 해 버리면 안 된다.

둘째, 학생부와 자소서에서 물어봄직한 질문들을 예상해서 그 답을 미리 생각해둬야 한다. 학생부에 기재된 A동아리에 대해 "A동아리에서 주로 무슨 역할을 했는가?" "A동아리활동과 지원 전공의 무슨 관련이 있겠는가?"라고 물을 수 있다.

전자는 사실 확인 질문이고, 후자는 응용 질문이다.

고등학교 수준의 교과 지식은 갖춰야 한다

서류학생부, 자소서 질문 다음으로 빈도가 높은 질문은 전공 질문이다. 대부분 고등학교 교과 수준의 질문을 묻는다. 따라서 전공과 관련된 교과목 지식을 충분히 갖춰야 한다.

국어국문학과나 국어교육과는 국어, 사학과와 역사교육과는 한국사와 세계사, 생명공학과는 생명과학 등이다.

물론 지원한 전공과 직접적으로 관련된 교과목이 없는 경우도 있다. 예를 들어 농대를 지원한 학생은 기본적인 과학 지식을 갖춰야 한다. 기계공학과, 자동차학과 등 공대를 지원한 학생은 반드시 수학을 공부해 가면 된다.

국어국문학과를 지원했는데 정작 기초적인 국어 지식이 떨어지거나, 공대를 지원했는데 기본적인 수학 능력이 떨어지면 곤란하다. 본인이 지원한 전공의 기출문제를 두루 조사해서, 특히 물어봄직한 교과 지식 혹은 본인이 자소서에 언급한 교과 지식은 꼭 준비해 가야 한다.

대학교와 교수를 조사하라

면접관은 보통 입학사정관, 전공 교수, 타 학과 교수로 구성된다. 예를 들어 무역학과 면접이라면 입학사정관 1명, 무역학과 교수 1명, 정치외교학과 교수 1명이다. 이렇게 3명이 면접관으로 참여하는 것이다.

대학마다 다르지만 타 학과 교수의 경우 해당 단과대학의 다른 학과 교수이거나, 아니면 더 넓게 문과면 문과 교수, 이과면 이과 교수가 참여하는 것이 일반적이다.

그런데 우리는 어떤 입학사정관이 면접에 들어오는지, 무슨 과의 교수가 면접관으로 참여하는지 알 수 없다. 다만 전공 교수는 학과 홈페이지의 교수 소개를 통해 정보를 알 수 있다. 게다가 셋 중 전공 교수의 권한이 가장 크다. 따라서 반드시 학과 홈페이지 등을 통해 전공 교수들을 확인해야 한다. 프로필이나 쓴 글들을 읽어보면 도움이 된다.

특히 인문사회계열의 경우 전공과 관련해 지원자의 생각과 의견을 묻는 경우가 많다. 이때 교수의 가치관을 미리 파악했다면, 교수가 좋아할 법한 답변을 할 수 있을 것이다. 특히 정치외교학과나 철학과처럼 가치관이 뚜렷하게 드러날 수 있는 학과는 사전조사에 더 신경을 써야 한다.

이 밖에 대학교 조사도 면접에 도움이 된다. 대학교 설립자 및 교육이념 등은 이제는 잘 묻지 않는 추세다. 그보다는 해당 대학교가 어떤 교육 프로그램을 운영하고 있는지 실질적인 특징을 알아보자. 또 학과의 특징을 파악해야 한다. 학과의 커리큘럼과 교수의 세부 전공, 졸업 후 진로, 학생들의 분위기 등이다.

전공과 관련된 이슈를 확인하라

지원한 전공과 관련된 최근 이슈와 기본 이슈도 알아야 한다. 특히 인문사회계열은 이슈와 관련된 질문을 받을 가능성이 높다.

사회적으로 헌법 개정이 논의되는 해에는 법학과를 지원한 학생에게 헌법 개정에 대한 의견을 물을 수 있다. 청소년 투표권, 최저임금 등의 이슈도 정치외교학과, 법학과, 사회학과를 비롯한 사회계열 전공 지원자에게 물어볼 수 있다.

최근은 아니지만 매년 반복되는 기본적인 이슈도 있다. 심리학과라면 자살문제와 관련한 질문을 물을 수 있다. 미디어학과라면 언론의 중립에 대해 물어볼 수 있고, 일어일문학과는 학과 특성상 한일 관계를 물어볼 수도 있다.

자연계열, 이공계열은 인문사회계열에 비해 물어볼 만한 최근 이슈 거리가 적다. 그보다는 기본적인 고등학교 수학, 과학 지식에 더 초점을 맞춘다. 그래도 인공지능, 낙태 등 기본적인 이슈들을 물어볼 수 있으니 준비해서 나쁠 것은 없다.

기출 질문과 예상 질문을 작성하라

시험에도 기출문제가 있듯이, 면접도 매년 반복되는 기출 질문이 있다. 게다가 상당수의 질문이 이러한 기출이 그대로 반복되거나 응용된다. "지원동기가 무엇인가?"와 같이 전공과 무관한 공통 질문이 있다. 여기에 전공별 혹은 대학별 질문이 있다.

예컨대 성균관대 식품생명공학과를 지원했다면, 우선 성균관대 식품생명공학과 면접 후기 등을 조사해야 한다. 또 다른 대학 식품생명공학과를 조사해야 하고, 전공은 다르지만 비슷한 계열의 성균관대 면접을 검색해볼 필요가 있다.

기출 질문은 이 책 끝에 실었다. 이외에도 인터넷 커뮤니티에서 기출 질문을 얻을 수 있고, 또 각 시도별 교육청 홈페이지의 '진로진학정보센터'에도 면접 후기 자료들이 있으니 참고할 수 있다.

이러한 기출 질문을 모아서 대비해야 하고, 또 기출 질문을 토대로 본인의 학생부와 자소서에서 물어봄직한 예상 질문을 유추해서 그것도 대비해야 한다. 매년 기출 질문이 반복된다는 점에서 면접 준비는 어쩌면 '정보 싸움'일 수 있다.

모의면접으로 연습하라

본인의 서류를 익히고 대학교와 교수도 조사했고, 기출 질문을 모으고 예상 질문까지 작성했다면, 이제 남은 것은 모의면접이다. 머릿속으로 혹은 혼자 하는 것과 실제 다른 사람과 하는 것이 다르다. 부모님이나 친한 친구에게 질문지를 줘서 실제 시간도 준수하면서 모의면접을 해봐야 한다.

가장 좋은 것은 친지보다는 낯설고 어려운 사람과 진행하는 것이다. 교사, 부모님의 친구, 친구의 부모님, 친척 어른 등이 좋다. 장소 역시 집에서 하기보다는 스터디룸을 대여해서 실제 면접장소 같은 분위기를 연출하는 게 효과적이다.

여기에 더해, 모의면접을 하는 나를 영상으로 촬영하는 것도 좋은 방법이다. 자기를 객관화해서 볼 수 있기 때문이다. 그러면 나의 잘못된 말 습관이나 표정 등을 확인하고 고칠 수 있다.

취업면접과의 차이를 이해하라

입시면접의 특징을 알아두는 것도 면접에 임하는 데 도움이 될 것이다. 회사에서 진행하는 취업면접과 대학에서 실시하는 입시면접은 많이 다르다. 취업면접은 일할 직원을 뽑는 것이고, 입시면접은 공부할 학생을 뽑는다. 전자가 이미 완성된 능력을 필요로 한다면, 후자는 발전 가능성을 보다 주목한다.

또 취업면접은 적극적이고 사회성이 높은 사람을 선호한다. 취업면접에서 긴장한 티를 내면 바로 탈락이다. 그렇지만 입시면접은 다르다. 일할 사람이 아니라, 공부할 사람을 뽑는데 긴장한 티가 난다고 해서 떨어뜨릴 이유가 없다.

취업면접은 말을 잘하는 게 무척 중요하다. 입시면접도 말솜씨가 뛰어나다면 분명 득이 된다. 그렇지만 취업면접만큼 중요하지는 않다. 말은 비록 어눌해도 진정성이 느껴진다면 충분히 그 학생을 뽑는다.

취업과 입시는 면접의 비중도 다르다. 입시 지원 때 학생부와 자소서를 제출하듯이, 취업 지원 때도 이력서와 자소서를 제출한다. 그런데 취업 때는 입시처럼 자소서를 꼼꼼히 읽지 않는다. 입학사정관이 자소서를 꼼꼼히 읽은 다음에 학생부를 본다면, 취업평가관은 반대로 이력서를 훑어보고 이력이 눈에 들 경우에 자소서를 본다.

회사와 달리 대학은 비교적 학생이 제출한 자소서와 학생부를 꼼꼼히 읽어준다. 그래서 취업 지원자가 면접에서 승부를 봐야 한다면, 학생은 면접 이전에도 자소서와 학생부를 통해 충분히 자기를 드러낼 수 있다. 그래서 비록 면접 때 강한 인상을 남기지 못하더라도 합격할 수 있는 것이다. 면접에서 너무 큰 부담을 느끼지 않아도 되는 이유다.

결국 면접도 대화다

면접도 결국엔 사람과 사람 사이의 만남이고 대화다. 면접이라고 별게 아니다. 대화하듯이 하면 된다. 학교 선생님이나 친척 어른들과 대화하듯이 말하면 된다. 자기를 충분히 드러내면서도 기본적인 예의를 지키면 되는 것이다.

평가관도 사람이다. 대화에서 호감을 느낀 사람에게 더 점수를 주게 돼 있다. 부정하게 점수를 더 높여준다는 뜻이 아니다. 면접은 주관평가이기 때문에 비례할 수밖에 없는 것이다.

면접이기 이전에 하나의 대화임을 기억하자. 대화의 기본들이 있다. 상대방이 말할 때 말을 끊지 말아야 하고, 자기의 의사를 알아들을 수 있게 표현해야 하고, 눈을 쳐다보며 이야기하기, 또박또박 말하기, 밝은 표정 짓기 등이다. 이것들만 잘 지켜도 기본 이상은 된 면접이다.

또 평소 안 쓰던 '다나까' 말투를 면접 때 주로 써야 하니 말투가 어색한 것을 넘어 아예 발표하듯이 발언하는 학생도 있다. 그러면 면접관이 느끼기에도 대화가 상호 의사소통이 된다기보다는 너무 기계적인 느낌을 받게 된다.

대다수 학생이 다나까 말투를 쓰므로 본인도 그것을 따르는 게 좋기는 하다. 그러나 해요체를 아예 써서 안 되는 것은 아니니, 적절히 섞어 쓰는 것은 괜찮다. 또 미리 다나까 말투도 연습해 가면 말투도 자연스러운 대화가 될 수 있을 것이다.

'다만'의 기술을 활용하라

일부러 곤란한 질문을 던지는 압박면접을 진행하는 곳도 있다. 지원자의 서류에 드러나는 단점을 비판하는 것이다. 학생이 이에 변론을 하다 보면 토론이 된다. 그런데 주의할 점은 그럼에도 맞불 토론이 돼서는 안 된다는 것이다.

면접관이 학생의 단점을 지적하면, 학생은 이를 반박하기 마련이다. 이때 필요한 것이 바로 '다만'의 기술이다. 다만의 기술이란 면접관의 지적을 일단 인정하고 시작하는 것을 말한다.

"말씀에 공감합니다. 다만, 제 생각에는……."

이런 식으로 대답하는 것이다.

긴장이 된 상태에서 곤란한 질문을 받으니 순간적으로 많이 당황하고 자기도 모르게 강하게 말을 받아칠 수도 있다. 혹은 반대로 아무 말도 못하고 쩔쩔매다 오는 경우도 있다.

그렇지만 지나치게 세게 반박할 경우, 면접관의 기분이 상하며 고집이 센 사람으로 평가받을 수 있다. 반대로 너무 쩔쩔맬 경우, 소신이 없는 사람으로 절하될 수 있다.

그러니 '다만'을 꼭 기억하자. 일단 면접관의 지적에 일부 동의를 표한 다음, 자기 소신을 피력하는 것이다.

일부러 긴장한 모습을 감출 필요 없다

면접에서 긴장되는 것은 당연하다. 처음 본 어른 몇 명이 나를 주목하는 것도 어색하고 긴장되는데, 심지어 대학교 합격과 관련된 일이니 긴장이 되지 않는 게 이상하다. 이 점은 면접관들도 인지하는 부분이다.

억지로 긴장한 모습을 보여줘서는 안 되지만, 애써 긴장한 모습을 감추려고 할 필요는 없다. 긴장한 모습을 감추는 데 신경을 쓰다보면, 정작 중요한 말의 내용을 놓치게 마련이다. 그보다는 말의 내용을 잘 전달하는 데 집중하자.

그리고 긴장되는 모습이 그리 부정적인 것만은 아니다. 긴장된 모습이 때묻지 않은 진실함으로 비춰지기도 한다.

그래도 너무 심할 정도로 긴장될 것 같다면, 미리 긴장을 완화시킬 방법을 생각하자. 낯선 사람들과 모의면접을 해두면, 면접 당일 긴장을 줄일 수 있다. 대학 캠퍼스와 면접 건물을 전날 미리 방문해 장소와 익숙해지는 것도 방법이다.

또 추위를 느낄수록 몸이 떨리고 더 긴장되는 법이다. 대기실에서 겉옷을 벗고 들어가면 되므로 옷을 따듯하게 입고 가도록 하자. 우황청심환 등 긴장을 완화시키는 식품을 섭취할 수도 있다.

침묵보다는 어설픈 한 마디가 낫다

면접관이 모르는 것을 물어볼 수도 있고, 아는 것인데도 당황한 탓에 무어라 답해야 할지 떠오르지 않는 경우도 있다. 이때 그저 침묵하거나 "죄송합니다." 내지 "잘 모르겠습니다."라고 하기보다는 그래도 무어라 어설픈 한 마디라도 하길 추천한다.

면접자들에게 모두 물어보는 공통 질문이 있을 것이다. 예를 들어 사회학과 면접을 보는 학생들에게 모두 "숙의민주주의가 탄생한 이유에 대해 설명해보세요."라는 질문을 한다고 가정하자. 그런데 '숙의민주주의'라는 개념 자체를 전혀 모르는 A와 B 학생이 있다.

A는 "죄송합니다. 잘 모르겠습니다."라고 답했다. 한편 B 역시 '숙의민주주의'는 처음 듣지만, 그래도 자기가 아는 '민주주의'를 연결해서 말했다.

"민주주의는 제가 배우기로 직접민주주의와 간접민주주의가 있습니다. 그런데 직접민주주의를 실행하는 국가는 현재 사실상 없는 것으로 알고 있습니다. 거의 대부분 간접민주주의를 택하고 있습니다. 숙의민주주의는 제가 공부가 부족해서 아직은 잘 모르겠습니다. 다만, 간접민주주의의 문제점을 보완하기 위해 생겨나지 않았을까 추측해봅니다."

정치외교학과를 지원해 1차를 통과한 A가 직접민주주의와 간접민주주의를 모를 리는 없다. 그렇지만 A는 숙의민주주의를 몰라 침묵했지만, B는 민주주의에 대해서라도 말했다. 그러면 면접관은 '숙의민주주의 질문 항목'에 있어서, 아무 말도 하지 못한 A에게는 0점을 줄 수밖에 없다. 반면 뭐라도 이야기 한 B에게는 적어도 1점은 줄 수 있을 것이다.

물론 너무 터무니없는 소리를 정답인마냥 우긴다면 침묵하는 것보다 못하다. 그러나 아주 조금이라도 알거나 예측하는 바가 있다면 말하는 게 낫다. 대신에 확신에 찬 태도가 아니라, 겸손하고 무척 조심스러운 태도로 말해야 한다.

chapter 16

실전 면접 3,
질문의 80%는 매년 반복된다

공통 기출

*** 자기소개 해보세요?**

▶ 보통은 첫 질문이다. 본인의 장점을 하나하나 나열하는 것은 시간 낭비다. 강조하고 싶은 핵심 한 가지만 말하자.

*** 지원동기를 말해보세요?**

▶ 해당 대학교보다는 왜 해당 학과에 지원했는지 초점을 둬야 한다. 4번 문항에 지원동기를 적었다면, 짧게 요약하면 된다.

* 내신 성적이 낮은 이유가 무엇인가요?

▶ 성적이 낮은 이유를 마냥 변명하기보다는 본인의 부족한 점은 솔직하게 인정하는 편이 낫다.

* 독서를 많이 했는데, 가장 인상 깊게 읽은 책이 있나요?

▶ 되도록 독서기록상황에 기재된 책을 이야기해야 한다. 전공 관련 도서면 더 좋다.

* 3학년 때 읽은 책 〈OOO〉의 내용과 느낀 점을 말해보세요?

▶ 독서기록상황에 기재한 책의 기초적인 내용과 느낀 점은 사전에 준비해 가야 한다.

* 지원한 전공과 자신의 성격이 잘 맞는다고 생각하나요?

▶ 단순히 '네'라고 대답할 게 아니라, 왜 잘 맞는지 짧은 사례를 들어 말해야 한다.

* 친구들과 심각하게 갈등을 겪은 일이 있나요?

▶ 없다고 말해도 된다. 만일 있다고 하더라도, 누가 보기에도 본인 잘못이 큰 사례는 말하지 않는 게 낫다.

* 본인의 단점이 무엇이고, 어떻게 극복할 수 있을까요?

▶ 없다고 말하면 안 된다. 단점 같지 않은 단점을 말해서도 안 된다. 학생부와 자소서를 본 면접관이 느낄 법한 단점을 먼저 말하는 게 좋다.

* 본인의 장점 3가지를 말해보세요?

▶ 3가지를 다 말하되, 너무 과시하지 않는 게 중요하다. 장점 중 하나쯤은 전공과 관련된 장점이면 더 좋을 것이다.

* 모범상을 받게 된 이유가 무엇인가요?

▶ 보통은 모범상을 수상하는 데 특별한 이유는 없다. 너무 과장하지 않는 선에서 자기를 어필하자.

* 우리 대학 외에 또 어디 대학을 지원했나요?

▶ 해당 대학보다 낮은 대학만 열거하는 학생이 많다. 그보다는 6곳 모두 같은 전공으로 지원했음을 강조하자. 그리고 그중 해당 대학이 왜 매력적인지 이야기하고, 해당 대학에 대한 열정을 보이자.

* 2학년 때 동아리 회장을 했는데, 투표를 통해서 된 건가요?

▶ '몸 풀기' 질문이다. 사실대로 짧게 말하면 된다.

* 교내대회에 나갔지만 상을 받지는 못했다고 했는데, 이유가 무엇일까요?

▶ 학교를 탓하지 말고, 자기의 부족한 점을 반성하고 어떻게 보완할 것인지 밝히자.

* 동아리활동 중 가장 인상 깊은 활동을 말해보세요?

▶ 되도록 전공과 관련된 동아리와 해당하는 활동을 이야기해야 한다.

* 대학에 와서 활동하고 싶은 동아리가 있나요?

▶ 동아리는 전체 동아리가 있고, 해당 학과 내 동아리학회가 있다. 해당 학과 내 동아리가 있다면, 그 동아리에 가입하고 싶다고 하자. 실제로 자기가 가입하고 싶은 동아리를 말해도 상관은 없다.

* 본인이 리더십 있는 성격이라고 했는데, 리더의 자격은 무엇이라 생각하나요?

▶ 본인 자소서에 리더십에 관해 쓴 서술과 연결해서 말하면 된다. 요즘 추세는 책임감 있고, 소통하고, 수평적인 리더다.

* 성격이 소심하다고 밝혔는데, 소심해서 손해를 본 경험이 있나요?

▶ 짧은 사례를 말하고, 소심함을 보완하기 위해 한 노력을 덧붙이면 좋다.

* 학교생활을 하면서 가장 큰 성과가 무엇인가요?

▶ 전공과 관련된 것을 말하면 좋다. 자소서에 나와 있는 활동을 이야기해도 된다.

* 졸업 후 10년 뒤에 본인의 모습은 무엇일까요?

▶ 졸업 후 10년 뒤는 보통 30대 중후반이다. 전공과 관련된 본인의 장래희망과 연결해서 말하면 된다.

* 자신의 가장 큰 도전 경험은 무엇인가요?

▶ 아무래도 고등학교 때 경험을 이야기하는 게 보통이다. 전공과 관련된 것이면 좋다.

* 기억에 남는 봉사 경험이 있나요?

▶ 학생부 봉사활동에 기재된 봉사 경험을 이야기해야 한다.

* 봉사활동 시간이 많은데, 학생부종합전형을 준비하기 위해서였나요?

▶ 압박 질문이다. 대입과 무관한 중학교 때도 이미 봉사활동을 많이 했다고 하는 게, 모범답안이 될 수 있을 것이다.

* 봉사활동 시간이 적은데, 어떻게 생각하세요?

▶ 보통 그럴 수밖에 없었던 사정을 이야기한다. 변명을 너무 길게 하지는 말자.

* 입학 후 자기만의 학업계획이 있나요?

▶ 미리 조사한 학과 커리큘럼 및 특성과 연결해서 말하면 좋다. 4번 문항에 학업계획을 썼다면 요약해도 된다.

* 마지막으로 하고 싶은 말이 있나요?

▶ 짧고 강렬하게 말하는 게 좋다. 앞서 질문 중 아쉬웠던 답을 더 하거나, 아니면 미리 준비한 말을 하자. 명언을 활용해도 좋다.

인문사회계열 기출

* 우리 학교는 미션스쿨이라 채플 과목을 의무적으로 수강해야 하는데, 괜찮나요?

▶ 물론 괜찮다고 답해야 한다. 해당 종교가 본인의 종교라면 밝히면 된다.

* 신문동아리에서 활동했다고 했는데, 본인이 쓴 기사 중 가장 기억에 남는 기사가 무엇인가요?

▶ 실제로 기억에 남는 기사를 설명하면 된다. 전공과 연결시킬 수 있다면 더 좋다.

* 국어 성적이 다른 과목에 비해 유독 높은데, 국어를 유독 더 열심히 했나요?

▶ 자기 전공을 생각해서 답하자. 문과계열이라면 국어를 강조해도 된다.

* 국어와 사회탐구 성적은 높은데, 수학 성적은 많이 낮네요. 너무 좋아하는 과목만 공부한 것 아닌가요?

▶ 자기 전공을 생각해서 답하자.

* 1학년부터 성적이 꾸준히 올랐습니다. 성적 향상 비결이 무엇인가요?

▶ 실제 오른 이유를 말하되, 꾸준함과 성실함을 강조해야 한다.

* 보고서를 써서 우수상을 받았는데, 보고서 쓸 때 가장 힘든 점이 무엇이었나요?

▶ 전공과 관련된 보고서라면 전공과 연결해서 답하면 좋다.

* 교내 글쓰기대회 수상경력이 많은데, 글을 잘 써서인가요?

▶ 글쓰기 실력을 강조해도 되고 아니면 사전조사, 탐구 및 호기심 등을 강조해도 된다.

* 인문계열은 취업이 잘 안 된다고 말합니다. 취업계획은 어떻게 되나요?

▶ 본인의 전공 관련해 현실성 있는 진로계획을 말하자.

* 본인이 가장 존경하는 인물과 이유를 말해보세요?

▶ 전공과 관련된 롤모델을 말하되, 너무 뻔한 인물은 제외하자.

* 복수전공이나 부전공을 할 의향이 있나요?

▶ 없다고 하거나, 부전공을 이야기하자.

* 변호사가 꿈이면 로스쿨을 준비해야 하는데, 왜 우리 과에 지원했나요?

▶ 해당 전공 공부가 변호사의 자질에 무슨 도움이 되는지 설명하자.

* 우리 학교가 지원자를 뽑아야 하는 이유를 말해보세요?

▶ 전공과 관련한 자기의 장점을 강조하자.

* [정치외교학과] 역사 쪽 활동을 많이 했는데, 왜 정치외교학과에 지원했나요?

▶ 역사 공부 및 활동이 정치외교학과에 무슨 도움이 되는지, 어떤 관련이 있는지 설명해야 한다.

* [정치외교학과] 국내에도 시민단체나 NGO가 많은데, 왜 해외 NGO를 목표로 하나요?

▶ 해외 NGO의 사회적 필요성을 강조해야 한다.

* [정치외교학과] 청소년 투표권에 대해 어떻게 생각하나요?

▶ 찬반 중 하나를 선택해 합리적인 논거를 제시해야 한다.

* [정치외교학과] 숙의민주주의에 대해 아는 바를 말해보세요?

▶ 고등학교 교과 지식을 활용해 아는 만큼 답하자.

* [정치외교학과] 장래희망이 국회의원인데, 지지하는 정당이 있나요?

▶ 지지하는 정당을 밝히되, 해당 정당의 단점 내지 아쉬운 점을 덧붙이는 것도 좋다.

* [경제학과] 회계사가 꿈인데, 회계사 준비를 어떻게 할 계획인가요?

▶ 해당 학교의 커리큘럼 및 특성과 관련해 말하면 좋다.

* [심리학과] 가장 인상 깊게 읽은 심리학 도서와 이유를 말해보세요?

▶ 독서활동상황에 기재된 도서를 말하면 좋다.

* [경영학과] 우리나라 기업의 가장 큰 문제점은 무엇이라 생각하세요?

▶ 고등학교 교과 지식을 활용해 아는 만큼 답하자.

* [경영학과] 윤리와 자신의 이익이 충돌할 때, 어떻게 할 것인가요?

▶ 윤리에 초점을 맞추되, 합리적인 선을 제시하자.

* [경영학과] 꿈이 CEO인데 사업은 자본이 필요하잖아요. 자본은 어떻게 확보할 생각인가요?

▶ 실현 가능하게 말해야 한다.

* [경영학과] 학생이 경영자라면, 노조 파업을 어떻게 대응할 것인지 말해보세요?

▶ 상생하는 방향에서 답해야 한다.

* [경제학과] 본인이 생각하는 착한 기업이 있나요?

▶ 교수가 잘 아는 대기업보다는 잘 모를 법한 중소기업을 말하는 것도 방법이다.

* [경제학과] 경제학과와 경영학과 커리큘럼의 차이점을 알고 있나요?

▶ 차이의 핵심을 말하자.

* [무역학과] 다른 학교에도 무역학과가 많은데, 왜 우리 학교를 지원했나요?

▶ 해당 대학의 무역학과의 장점을 설명해야 한다.

* [법학과] 법은 윤리의 최소한이라는 말에 동의하나요?

▶ 고등학교 교과 지식을 활용해 아는 만큼 답하자.

* [법학과] 헌법 개정을 찬성하나요?

▶ 찬반 중 하나를 선택해 합리적인 논거를 제시해야 한다.

* [일어일문학과] 일어일문학과를 지원했는데, 인상 깊게 읽은 일본 문학 책이 있나요?

▶ 혹 독서활동상황에 기재된 바가 없더라도 중학교 때 읽은 책이라고 말할 수 있다.

* [중어중문학과] 중국어와 한문의 차이점을 말해보세요?

▶ 아는 만큼 답하자.

* [독어독문학과] 꿈이 외교관인데 왜 정치외교학과를 쓰지 않고, 독어독문학과를 지원했나요?

▶ 외교학도 중요하지만, 그 나라의 언어와 문화를 이해하는 것이 먼저라고 답하면 된다.

* [문예창작학과] 라이트 노벨이 유행인데, 문학이라 볼 수 있을까요?

▶ 자기주장을 정하되, 너무 확고하게 말하지 않는 게 좋다.

* [금융학과] 진로계획이 은행 취업인데, 무슨 은행을 가고 싶나요?

▶ 미리 은행을 조사해야 한다.

* [금융학과] 혹시 각 은행의 차이를 알고 있나요?

▶ 미리 은행을 조사해야 한다.

* [사회학과] 기본소득에 대해 어떻게 생각하나요?

▶ 기본소득과 같은 최근 이슈는 책과 기사를 통해 미리 조사하자.

* [미디어커뮤니케이션학과] 아나운서로서의 가장 중요한 자질이 무엇이라 생각하나요?

▶ 평소 존경하는 아나운서가 있다면, 그 사람이 갖고 있는 자질을 예로 들며 자신의 생각을 말한다.

* [신문방송학과] 어떤 신문사에 취직하고 싶나요?

▶ 자신이 가고자 하는 신문사의 장점을 얘기한다.

* [신문방송학과] 어떤 사람이 기자가 돼야 한다고 생각하세요?

▶ 존경하는 언론인이 있다면 그 사람을 통해 어떤 기자의 모습이 이상적인지 설명하면 좋다.

* [신문방송학과] 언론을 보수와 진보로 나누는 것에 대해 어떻게 생각하나요?

▶ 실제 기사의 사례로 들어 주장을 제시하면 좋다.

* [광고홍보학과] 공익광고에 관심을 가지게 된 계기가 있나요?

▶ 공익광고를 접한 경험을 토대로 이야기할 수 있다.

* [광고홍보학과] 사기업의 광고도 공익성을 지녀야 할까요?

▶ 자신의 소신을 말하되, 공익성을 너무 배제하지 않고 말하는 것이 좋다.

* [광고홍보학과] 빅데이터를 마케팅에 어떻게 활용할 수 있을까요?

▶ 실제 빅데이터를 이용한 마케팅 사례를 예로 들어 답하자.

* [철학과] 철학을 무엇이라 정의할 수 있을까요?

▶ 고등학교 교과 지식을 활용해 구체적으로 답하자.

* [북한학과] 통일을 해야 한다고 생각하나요?

▶ 통일과 관련하여 학교수업, 교내대회, 동아리 등의 경험이 있다면 그 경험을 토대로 통일에 대한 의견을 드러내라.

* [국어국문학과] 인상 깊게 읽은 시집이 있나요?

▶ 실제로 인상 깊게 읽은 시집을 말하면 된다. 왜 인상 깊었는지가 중요하다.

* [국어교육과] 순수문학과 참여문학 논쟁에 대해 설명할 수 있나요?

▶ 고등학교 교과 지식을 활용해 아는 만큼 답하자.

* [영어교육과] 교사가 된다면, 자기 종교와 다른 종교 재단의 사립학교에도 취직할 수 있나요?

▶ 상관없다고 말하는 것이 좋다.

* [영어교육과] 초등학교가 아닌, 중·고등학교 교사가 되고 싶은 이유가 있나요?

▶ 자신이 갖고 있는 특성 중 초등학생이 아닌 중·고등학교 학생들을

가르칠 때 장점이 될 수 있는 것을 말하자. 같은 교사이지만 초등과 중·고등의 차이를 어필해야 한다.

* [윤리교육과] 칸트의 윤리설을 동의하는지, 반대하는지, 그 이유를 설명하세요.

▶ 찬반을 정하고, 고등학교 교과 지식을 활용해 아는 만큼 답하자.

* [윤리교육과] 현대사회의 가장 큰 윤리적 문제가 무엇이라 생각하세요?

▶ 최근 사회문제로 대두되는 이슈 중 하나를 골라 자신의 생각을 밝히면 된다.

자연이공계열 기출

* 고화질 cctv가 유발할 수 있는 사회적인 문제를 말해보세요?

▶ 사생활 침해문제, 인권문제 등 구체적인 사례를 들어 자신의 생각을 추가하는 것이 좋다.

* 왜 우리나라에는 과학 분야에서 노벨상 수상자가 나오지 않는다고 생각하나요?

▶ 구체적인 근거를 들어 의견을 전개하는 게 좋다.

* 주기율표를 왜 외워야 하나요?

▶ 구체적인 근거를 들어 의견을 전개하는 게 좋다.

* 과학탐구대회에서 장려상을 수상했는데, 구체적으로 무엇을 탐구했나요?

▶ 구체적인 탐구 과정을 설명하면 된다. 추가로 이를 통해서 배운 점을 말하자.

* 꿈이 교사에서 교수로 바뀐 계기가 있나요?

▶ 지원 전공을 보다 심화해서 공부하고 싶다고 말할 수 있다.

* 대학 졸업 이후에 대학원에서 더 연구를 할 계획이 있나요?

▶ 대학원에 진학할 의향이 있다면 대략적인 연구계획을 이야기하면 된다.

* 종교와 과학의 대립을 어떻게 생각하나요?

▶ 합리적으로 말하되, 종교를 너무 폄하하지는 말자.

* 고등학교 생명과학을 공부하면서, 가장 어려웠던 파트가 있나요?

▶ 실제로 교과목을 공부하면서 가장 어려웠던 파트를 말하고, 그 이유에 대해서도 간략하게 밝히면 된다.

* 연구자로서 가장 중요한 덕목이 무엇이라 생각하나요?

▶ 자신이 생각하는 중요한 덕목을 말하되, 실제로 그 덕목을 실천한 연구자의 사례를 안다면 함께 말하는 게 좋다.

* 낙태 이슈에 대한 입장이 있나요?

▶ 찬반 중 하나를 정해 합리적인 논거와 함께 의견을 제시하라.

* 단순히 안정적인 직업이라서 공기업에 취업하고 싶은 것은 아닌가요?

▶ 공기업의 공익적 역할을 강조하라.

* 실험동아리를 했는데, 무엇을 실험했나요?

▶ 실제로 실험동아리에서 했던 실험을 말하고, 이를 통해 배운 것들을 함께 말한다.

* 여성 과학자를 강조하는데, 남성 과학자와 어떤 차이가 있을까요?

▶ 여성 과학자로서 장점이 될 수 있는 부분을 부각하고, 실제 사례를 알고 있다면 덧붙여라.

* 장애인 관련 봉사활동을 했는데, 장애인에게 과학이 무슨 도움이 될 수 있을까요?

▶ 점자블럭, 점자시계, 전동휠체어 등 구체적인 사례를 들어 설명하는 것이 좋다.

* 《김상욱의 과학 공부》를 읽었는데, 느낀 바를 말해보세요?

▶ 실제로 읽고 자신에게 끼친 영향과 느낀 바를 전공과 연계해서 말한다.

* 앞으로 영어 원서를 읽을 일이 많은데, 입학 후에도 영어 공부를 할 것인가요?

▶ 영어 공부의 의지를 밝히면 좋다.

* C언어의 중요성이 대두되는 이유를 설명해보세요?

▶ C언어가 쓰이는 실제 사례를 들어, C언어의 중요성을 말하자.

* 대학교에서 공학윤리를 배우는 이유를 무엇이라 생각하나요?

▶ 실제 사례를 예로 들어, 공학윤리의 중요성에 대해 의견을 밝힌다.

* 수학 성적이 1학년보다 3학년 때 더 낮은데, 이유가 있나요?

▶ 변명은 길게 하지 않는 게 낫다.

* 화학동아리는 무엇을 하는 동아리인가요?

▶ 화학동아리에서 했던 활동을 말하며, 무엇을 배웠는지 간략하게 설명한다.

* 전공을 위해서 어떤 노력을 했나요?

▶ 자소서에 쓴 내용을 토대로 학교생활 중 전공과 관련된 활동들을 말한다.

* [전기공학과] 전기의 존재가 우리 생활에 미치는 영향을 말해보세요?

▶ 실제 전기가 우리 생활에 쓰이는 사례를 예로 들며 설명한다.

* [전기공학과] 친환경에너지의 문제점은 없을까요?

▶ 기본 이슈는 미리 준비해둬야 한다.

* [전자공학과] 전자공학과 전기공학의 차이가 있나요?

▶ 차이의 핵심을 말하자.

* [화학공학과] 화학공학과를 지원했는데, 왜 화학 II 를 선택하지 않았나요?

▶ 자신이 화학Ⅱ를 선택하지 않은 이유를 솔직하게 말하면 된다.

* [화학과] 의약품에 관심이 많아서 화학과에 지원했는데, 차라리 의대나 약대에서 공부하는 건 어떤가요?

▶ 화학과의 장점을 강조한다.

* [천문학과] 음력과 양력의 차이를 말해보세요?

▶ 고등학교 교과 지식을 바탕으로 아는 만큼 답하자.

* [천문우주과학과] 기상청 예보를 평소에 챙겨 보나요?

▶ 챙겨 본다고 하는 편이 좋다.

* [항공우주시스템공학과] 비행기가 나는 원리를 말해보세요?

▶ 전공 관련 기초적인 지식은 공부해둬야 한다.

* [기계공학과] 기계공학과 기계설계학의 차이가 있을까요?

▶ 차이의 핵심을 말하자.

* [건축학과] 인문학 책을 많이 읽었는데, 건축학에 인문학을 도입할 수 있을까요?

▶ 인문학이 건축에 적용된 실제 사례를 통해 말하면 좋다.

* [건축학과] 존경하는 건축가가 있나요?

▶ 존경하는 이유에 대해서도 짧게 설명한다.

* [소프트웨어공학과] 스마트폰에 사용된 센서가 무엇인가요?

▶ 고등학교 교과 지식을 바탕으로 아는 만큼 답하자.

* [컴퓨터공학과] 학생은 소프트웨어 전공이 더 어울릴 것 같은데, 컴퓨터공학 전공을 지원한 이유가 무엇인가요?

▶ 해당 대학 컴퓨터공학과의 장점을 말하자.

* [컴퓨터공학과] 스마트폰 개발에 관심이 많은 것 같은데, 스마트폰의 부정적인 영향에 대해서 어떻게 생각하나요?

▶ 실제 사례를 통해 말한다.

* [컴퓨터공학과] 프로그래밍을 해본 경험이 있나요?

▶ 프로그래밍을 해본 경험이 있다면 그 내용을 말하면 된다.

* [로봇공학과] 로봇공학자가 꿈인데, 보통 사람들이 로봇에 대해 걱정하는 바가 있습니다. 그것이 무엇이며, 어떻게 불안을 해소할 것인지 말해보세요?

▶ 구체적으로 답하는 것이 중요하다.

* [물리학과] 아인슈타인을 가장 존경한다고 했는데, 아인슈타인 말고도 알고 있는 물리학자가 있나요?

▶ 존경하는 다른 물리학자가 있다면 밝히고, 왜 존경하는 이유도 짧게 추가한다.

* [물리학과] 빛의 특성을 말해보세요?

▶ 고등학교 교과 지식을 활용해 아는 만큼 답하자.

* [물리학과] 꿈이 물리 교사인데 왜 물리교육과가 아닌, 물리학과를 지원했나요?

▶ 물리학과의 장점을 강조하라.

* [수학교육과] 수학의 미분, 적분이 전공자가 아닌 일반 사람들에게 무슨 도움을 줄 수 있을까요?

▶ 실제 사례를 예로 들어 설명하면 좋다.

* [수학과] 2차 함수에 대해 아는 것을 말해보세요?

▶ 고등학교 교과 지식을 활용해 아는 만큼 답하자.

* [식품공학과] 아미노산의 기본 단위를 설명할 수 있나요?

▶ 고등학교 교과 지식을 활용해 아는 만큼 답하자.

* [식품생명공학과] 식품생명공학과 지원동기를 말해보세요?

▶ 자소서에 기반해 지원동기를 밝힌다.

* [생명공학과] 생명공학과 학업계획에 대해 말해보세요?

▶ 미리 조사한 학과 커리큘럼 및 특성과 연결해서 말하면 좋다. 4번 문항에 학업계획을 썼다면 요약해도 된다.

* [지리학과] 지리학과가 문과가 아닌, 이과대학에 있는 이유를 무엇이라 생각하나요?

▶ 자신이 알고 있는 지식에 기반하여 답한다.

* [지리학과] 고등학교 지리 과목과 지구과학의 차이가 무엇일까요?

▶ 고등학교 교과 지식을 활용해 아는 만큼 답하자.

* [원자력공학과] 양성자와 중성자에 대해 설명해보세요?

▶ 고등학교 교과 지식을 활용해 아는 만큼 답하자.

* [신소재공학과] 신소재와 관련된 제품이 무엇이 있을까요?

▶ 특히 자기 관심 분야와 관련된 제품을 말하면 좋다.

* [신소재공학과] 신소재공학 중에서도 구체적으로 공부하고 싶은 분야가 있나요?

▶ 구체적인 관심 분야를 말하되, 그래도 다양하게 배우겠다고 말하는 게 좋다.

* [식품생명공학과] 식품생명공학과에 대해서 알고 있는 것을 간략하게 설명하고, 가장 관심 있는 전공 분야는 무엇인지 말해주세요.

▶ 미리 조사한 학과의 특성에 대해 간략하게 설명하고, 자신이 제일 관심 있는 분야를 말하면 된다.

라면 하나를 끓여도

설명서가 붙는데,

어떻게 대학을 가는데 전략을 안 짜?

‘지금은 학종 시대라고요!’

_ 드라마 〈SKY 캐슬〉 대사 중에서

학생부종합전형
자기소개서
면접
실전 가이드북

지은이 신선생, 윤선생
펴낸이 이종록 펴낸곳 스마트비즈니스
등록번호 제 313-2005-00129호 등록일 2005년 6월 18일
주소 경기도 고양시 일산동구 정발산로 24, 웨스턴돔타워 T4-414호
전화 031-907-7093 팩스 031-907-7094
이메일 smartbiz@sbpub.net
ISBN 979-11-6343-027-8 43370

초판 1쇄 발행 2020년 4월 2일

❶

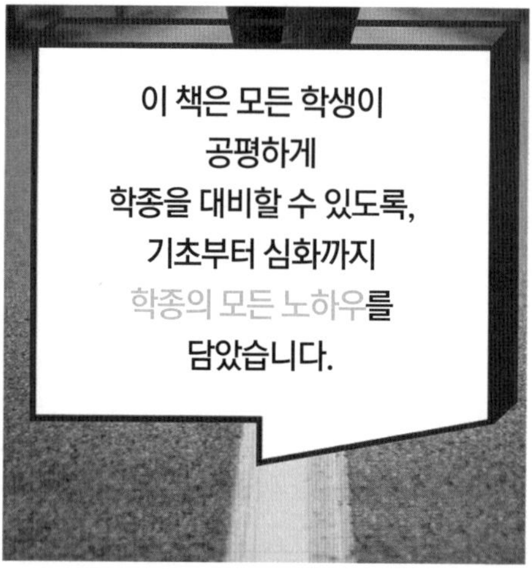
이 책은 모든 학생이
공평하게
학종을 대비할 수 있도록,
기초부터 심화까지
학종의 모든 노하우를
담았습니다.

❷

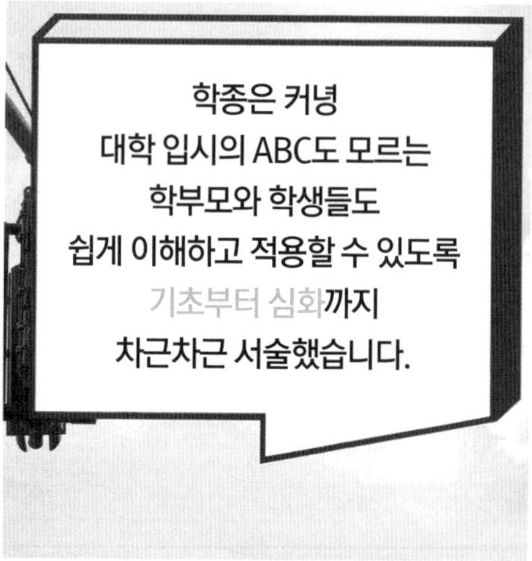
학종은 커녕
대학 입시의 ABC도 모르는
학부모와 학생들도
쉽게 이해하고 적용할 수 있도록
기초부터 심화까지
차근차근 서술했습니다.

❸

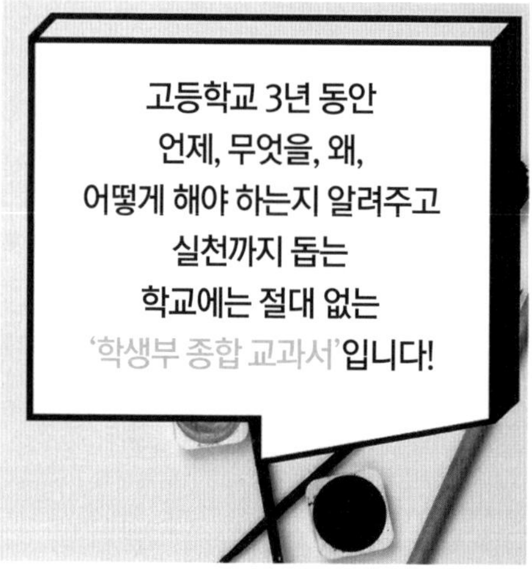
고등학교 3년 동안
언제, 무엇을, 왜,
어떻게 해야 하는지 알려주고
실천까지 돕는
학교에는 절대 없는
'학생부 종합 교과서'입니다!

❹

과외, 컨설팅, 코디를 받지 않고도
학종을 완벽하게 대비하는
'기적의 합격 시크릿!'
학생부종합전형
자기소개서 면접
실전 가이드북